LÉGENDES

DES

SEPT PÉCHÉS CAPITAUX

APPROUVÉ

PAR L'AUTORITÉ ECCLÉSIASTIQUE DU DIOCÈSE DE PARIS

EN DATE DU 16 OCTOBRE 1844

Où conduisent les sept péchés capitaux

LÉGENDES

DES

SEPT PÉCHÉS CAPITAUX

PAR

J. COLLIN DE PLANCY

CINQUIÈME ÉDITION

PLANCY	PARIS
Société de Saint-Victor pour la propagation des bons livres	Sagnier et Bray, libraires, rue des Saints-Pères, N° 64
ARRAS	AMIENS
Rue Ernestale, N° 289	Rue de Noyon, N° 47

1853

PROPRIÉTÉ

Plancy. Typog. de la Société de Saint-Victor. — J. COLLIN, imp.

A M. TH. HUBERT.

EN LUI DÉDIANT LES SEPT PÉCHÉS CAPITAUX

C'EST LUI PRÉSENTER

DES PERSONNAGES QU'IL NE CONNAIT PAS.

L'AUTEUR

Trois éditions de ce recueil ont été imprimées en Belgique, indépendamment de l'édition donnée à Paris, par MM. Plon et Mellier. Dans cette édition, le désir de produire un volume in-8° a fait ajouter quelques récits dont l'application à tel péché capital n'est pas très précise. Nous les avons détachés ici; mais on les retrouvera, plus convenablement placés, dans d'autres volumes de cette série.

L'Orgueil

LÉGENDES

DES

SEPT PÉCHÉS CAPITAUX

L'ORGUEIL

LÉGENDE DES DUELS D'YPRES

> Courage de tigre ! Courage de panthère !
> M. LE MARQUIS DE BEAUFFORT.

La ville d'Ypres, comme la plupart des vieilles cités, eut aussi jadis ses splendeurs ; il paraîtrait même qu'au douzième siècle elle était la plus importante et la plus peuplée entre les villes des Pays-Bas. Sa grandeur alors était le fruit d'une haute industrie, plus haute que nous ne la supposons aujourd'hui, nous qui connaissons si peu le moyen âge et si mal les anciens temps. Dans une pièce authentique du mois de juin 1246, conservée aux archives d'Ypres, on voit que cette ville comptait alors une population de deux cent mille âmes. Aucune cité des Pays-Bas, à l'exception d'Amsterdam, ne peut rivaliser de nos jours avec un tel chiffre.

A l'époque où se passa l'action que nous allons raconter, Ypres n'était par parvenue encore à ce point d'agrandissement. Mais elle croissait tous les jours.

C'était le 15 octobre de l'année 1116. Dans une salle tapissée de cuirs d'Orient, ornée d'arabesques d'or et de trophées d'armes, qui était la salle d'honneur du château d'Ypres, on voyait, debout contre une fenêtre ovale, un homme robuste, haut de six pieds, penché en avant et s'appuyant de la main droite sur une table ronde massive, en noyer bruni. Cet homme avait de longs cheveux châtains qui tombaient en boucles sur ses épaules, une jeune barbe fauve très soignée, un teint vif, et des yeux ardents. Il était beau; mais toute sa figure portait les signes d'une sévérité extrême. Il devait être juste, mais implacable; et l'on remarquait à ses lèvres qu'elles n'étaient pas accoutumées au sourire. Un vaste manteau écarlate, d'une seule pièce, sans collet et sans rabat, le couvrait entièrement par derrière, fixé autour du cou par deux larges agrafes, qui figuraient deux haches d'armes. Une véritable hache, du poids de trente livres, pendait à sa ceinture de cuir brun. Un pourpoint de laine blanche lui serrait la poitrine et la taille, et tombait sur ses genoux. On ne voyait pas s'il avait un pantalon ou un haut-de-chausses ; des bottes de cuir brun, parsemées de petites figures d'argent, renfermaient ses pieds et ses jambes. Il écoutait d'un air préoccupé, distrait de ce qui se passait devant lui, par l'intérêt qu'il semblait mettre à un gibet qui s'élevait à quelques pas du château, et qu'on apercevait fort bien de la fenêtre. Cet homme était le comte de Flandre Baudouin VII, dit Baudouin-à-la-Hache, lequel affectionnait sa bonne ville d'Ypres.

Devant lui on voyait une jeune fille de vingt ans, fraîche et belle, — mais tout en pleurs. Elle était vêtue d'une longue robe de lin blanc ; ses beaux cheveux blonds étaient relevés sur sa tête ; elle suppliait et tendait les mains, se tenant à genoux jusqu'à ce qu'elle eût obtenu bonne réponse à sa prière. C'était Helly Moreel, fille d'un riche drapier d'Ypres. Deux jeunes rivaux lui faisaient la cour : l'un, noble et beau, Juste Goethals de Courtrai, avait captivé son cœur; l'autre, André Boren d'Ypres, l'aimait sans être aimé. Ce dernier était un petit homme de trente ans, du métier des poissonniers, pétri d'un immense orgueil, parce qu'il possédait une grande fortune. Mais il avait le nez de travers, et la couleur de ses cheveux donnait de loin à sa tête l'apparence d'un coquelicot fané. Il était méchant, comme le sont quelquefois les hommes frappés à la fois de vanité et de laideur. Nerveux et fort, exercé à tous les genres d'escrime, il était querelleur. Admirateur de son riche costume de peau de daim lamée d'argent, et de son bonnet de peau de lièvre rehaussé d'une aigrette d'or, il se croyait beau et fait pour plaire. Cet homme plein de vices, et que rien ne pouvait excuser, si quelque chose peut excuser le vice, affichait encore de mauvaises mœurs, raillait les choses religieuses, persifflait la vertu, et croyait séduire par cette malice délétère qui corrode et que des hommes stupides sont convenus d'appeler de l'esprit. Depuis un an qu'il cherchait à gagner le cœur d'Helly, l'âme pure et candide de la jeune fille n'avait vu dans ses traits qu'un monstre, et dans son esprit qu'un démon. Toutefois il avait demandé Helly en mariage.

Le père de la douce Helly, l'honnête Paul Moreel, était de ces hommes qui idolâtrent leur fille au point de lui laisser absolument le choix d'un mari. Il répondit à André Boren qu'il le tiendrait pour son gendre, si c'était le gré de sa fille; et il alla sur-le-champ la consulter. Alors la jeune Yproise se prononça : elle fit connaître son antipathie profonde pour le petit homme gonflé aux cheveux rouges, elle avoua en même temps son amour pour Juste Goethals. Le père approuva ce choix ; et il remercia poliment André, qui, devenu furieux, reprocha à son rival de l'avoir supplanté méchamment dans le cœur d'Helly. Cet homme, qui ne croyait pas aux vérités de la religion, tomba, par un excès contraire assez commun, dans les idées superstitieuses : — il accusa Goethals d'avoir ensorcelé Helly ; dans une sorte de démence, il l'alla trouver, et lui proposa un duel, — selon le vieil usage toujours en vigueur dans les Flandres.

—Ou si vous refusez de combattre, dit-il, vous vous purgerez, par l'épreuve du feu, de l'accusation de magie que j'élève contre vous.

— Le combat, répondit Juste Goethals, est le jugement de Dieu; je dois l'accepter.

Le jour du champ clos avait été fixé au 18 octobre. On avait demandé la lice à Baudouin VII, qui l'avait accordée. Le duel devait avoir lieu dans la cour du château des Comtes, et le vaincu devait être pendu au gibet que l'on apercevait de la fenêtre.

Quand Baudouin-à-la-Hache eut entendu le récit des circonstances que nous venons d'exposer, il réfléchit profondément.

— Il n'y a là qu'un coupable, se dit-il en marchant à grands pas; et le sort du combat peut se tromper.

Puis il se rappela tous les duels fréquents qui désolaient la ville d'Ypres, querelles de tous les jours qui se terminaient par l'épée; il songea au résultat inique de la plupart des champs clos; il reconnut que généralement la force seule faisait le droit; et, s'arrêtant devant la jeune fille, il lui prit la main et la releva :

— Rassurez-vous, mon enfant, lui dit-il, vous épouserez Juste Goethals.

On connaissait Baudouin-à-la-Hache ; on savait avec quelle exactitude prompte il rendait à tous une sévère justice, avec quel soin il pourvoyait à l'absence des lois, en improvisant des ordonnances précises ; et, quoiqu'il ne pût empêcher un duel, qui était dans les mœurs, quoiqu'il ne pût, de sa volonté puissante, déraciner un usage dont on gémissait en vain, Helly fut pleinement rassurée ; elle s'en retourna à la maison de son père, se félicitant en silence du courage qu'elle avait eu de s'adresser au Comte.

Le jour suivant se passa sans que rien vînt confirmer la promesse de Baudouin, et la jeune fille ne s'inquiéta point. Le 17 octobre, le héraut du Prince parcourut les rues et les places de la ville, précédé de deux trompettes, et proclama à tous les carrefours une loi spéciale ou privilége accordé par Baudouin aux bourgeois d'Ypres, lequel statuait formellement qu'à partir de ce jour, pour prévenir les abus des duels capricieux, aucun habitant ou citoyen du pays ne pourrait appeler son adversaire dans la lice, soit pour

combattre en champ clos, soit pour se justifier
par les épreuves du feu, du fer chaud, ou de l'eau
bouillante, sans être accompagné de cinq de ses
parents ou amis, décidés à courir avec lui les chan-
ces de la querelle. L'adversaire devait être soutenu pareillement.

Cette mesure fut accueillie par les applaudissements publics ; elle offrait une garantie
contre les combats judiciaires : Un enragé ou un
fou, disait-on, ne trouvera pas toujours cinq furieux résolus à se faire tuer avec lui et à risquer
le gibet.

André Boren, dès qu'il connut l'ordonnance
de Baudouin-à-la-Hache, éprouva une sensation
désagréable ; il sentit qu'elle allait l'embarrasser.
Le lendemain en effet, Juste Goethals, que tout
le monde chérissait, se présenta avant l'heure,
avec cinq de ses amis qui avaient chaudement
embrassé sa cause. Mais Boren fut moins heureux.
L'heure s'avançait. A midi, s'il ne se présentait
pas, lui qui avait porté le défi, il était déshonoré,
et ne pouvait plus entrer en champ clos, sans
en être expulsé avec un coup de gantelet sur
chaque joue.

Midi sonna, car il y avait déjà au beffroi d'Ypres une horloge, ou du moins le guetteur, guidé par un cadran solaire ou par un sablier, sonnait les heures sur la cloche publique. Midi sonna, et André ne parut point, quoique le juge du camp l'appelât trois fois. Aussitôt les compagnons de Juste, l'ayant félicité, se dispersèrent pour aller à leurs affaires. Mais il n'y avait pas cinq minutes qu'ils s'étaient éloignés et Juste Goethals se retirait lui-même, lorsqu'enfin Boren parut, avec cinq hommes armés. Il s'excusa de son retard sur le peu de temps que lui avait laissé la mesure arrêtée par le comte.

— Tout le monde se lève à l'instant pour une cause équitable, répondit Goethâls ; l'heure est passée, et mes champions sont partis.

— Et vous n'en êtes pas fâché, répliqua André avec insolence.

Le rouge monta au visage du jeune homme.

— Si monseigneur le comte de Flandre veut le permettre, reprit-il — en se tournant vers la fenêtre où l'on voyait Baudouin-à-la-Hache, — je vous ferai avaler, Boren, vos folles paroles.

— Les lois sont saintes, dit le comte de Flandre ;

et moi-même je dois les subir. Mais je puis vous rendre vos champions. A moi quatre chevaliers !

Un moment après, le redoutable Baudouin et quatre de ses plus braves seigneurs se rangeaient aux côtés de Juste, confus d'un tel honneur.

A cet aspect, les cinq compagnons d'André se prirent à trembler de tous leurs membres; ils savaient la force inouïe du comte; c'était la mort inévitable qui était devant eux. Après quelques minutes de pâleur et d'effroi, comme si leur résolution eût été unanime, les cinq champions jetèrent leurs armes et prirent la fuite.

— L'accusateur qui abandonne la lice est coupable, dit froidement Baudouin. Que justice soit faite !

Un des chevaliers de sa suite s'empara d'André Boren, l'emporta au pied du gibet, lui mit la corde au cou, puis l'éleva en l'air, en disant :
— Justice est faite.

Cette justice effrayante troubla les nombreux assistants :

— Grand Dieu ! disaient les jeunes Yprois, on ne pourra plus se battre !

— C'est ce que nous voulons, dit le Comte.

Et il rentra calme dans le manoir, tandis que le petit homme roux achevait sa dernière heure.

Juste Goethals avait lui-même été si frappé de toute cette scène, que sa langue, collée à son palais, ne pouvait plus exprimer aucun son. Il courut à la maison d'Helly, qui n'attendait pas une satisfaction si rude et qui ne put s'empêcher d'en gémir. Mais on oublie vite le désastre de ses ennemis. Peu de jours après, elle épousa son bienaimé Juste ; et pendant plus d'un an on ne vit aucun duel public dans Ypres, dans cette ville qui, avant la proclamation du 17 octobre 1116, en déplorait ordinairement tous les jours.

LA RÉPUBLIQUE DE TER-PIETE

> Généralement, où l'Église a trouvé des serfs, elle en a fait des hommes. **RAPSAET.**

Le soir du dimanche des Rameaux de l'année 1265, — vieux style, — on remarquait beaucoup de mouvement et quelque apparence de joie dans une petite maison de la rue du Pont-aux-Moines, près de l'abbaye de Saint-Pierre, à Gand. L'un des meuniers du couvent tenait là cabaret, et vendait à juste prix l'hydromel épicé, l'hypocras au miel et la cervoise mousseuse. Une douzaine de manants étaient là, trinquant et s'agitant, occupés de choses graves et animés de riantes pensées. Ces douze hommes, que les idées de liberté, déjà faites alors, agitaient si vivement, étaient tous venus de Ter-Piete, bourg considérable entre Biervliet et Philippine. C'étaient des pêcheurs, des nourrisseurs de bestiaux, des laboureurs et des brasseurs de bière, envoyés en députation par le bourg, dont ils étaient les hommes les plus apparents; et ils se félicitaient, avec Éloi de Smet, le digne cabaretier, de la bonne et paternelle réception que leur avait faite l'abbé de Saint-Pierre, leur seigneur.

— Quand je vous disais, répétait Éloi avec sa face épanouie, que vous pouviez tout demander, n'avais-je pas raison ? Tous vos seigneurs laïques sont des hommes durs, guerroyeurs, fiers, égoïstes. Ce n'est que par argent et par longs services qu'on parvient à leur arracher une keure, article par article; encore ne donne-t-elle pas entières libertés, comme vous allez avoir de monseigneur Jean, notre digne abbé.

On appelait keure, dans les pays de Flandre, ce qui se nommait ailleurs charte, paix, privilége, constitution de commune, sans parler des noms particuliers qu'on donnait à ces actes en divers lieux, comme, par exemple, les anciennes immunités de Lille, que les bourgeois appelaient *la grande peau de veau*, parce qu'elles étaient écrites sur un grand cuir.

— C'est, en effet, dit un des manants de Ter-Piete, un vénérable homme que le seigneur abbé, et qui mérite toutes louanges. Ainsi nous n'aurions pas songé à lui demander une charte, s'il devait toujours vivre; mais ses successeurs peuvent être moins justes.

— Je craignais bien, ajouta un pêcheur, que le seigneur abbé ne nous repoussât en riant de nous; car il peut paraître audacieux que nous sollicitions une keure, n'étant jusqu'ici que simple bourg, quand tant de villes fermées sont encore sans franchises.

— Eh ! qu'importe notre étendue ! reprit un autre : un petit peuple, sauf le nombre, en vaut un grand. D'ailleurs nos voisins de Biervliet ont leurs priviléges ; nous ne sommes ni moins nombreux ni moins riches ; et, s'il faut nous clore pour être ville et commune, nous ferons volontiers nos palissades. Déjà nous sommes enceints de fossés. Nos pères ont été, avec ceux de Biervliet, à la croisade, sous le noble comte Baudouin, qui fut empereur ; et si, comme eux alors, nous avions eu un clocher, nous eussions pu leur disputer le dragon de Saint-Georges, qu'ils ont ramené de l'Asie et qui leur sert de girouette.

— Nous voulons, dit un nourrisseur de bestiaux, nous gouverner en république, comme mes deux oncles, les braves croisés, m'ont dit qu'il y en avait en Italie, grandes et petites, et comme il s'en forme chez nous en divers quartiers. Toutefois nous respecterons fidèlement la souveraineté des abbés de Saint-Pierre, nos légitimes et naturels seigneurs.

La conversation roula sur ces matières intéressantes jusqu'à l'heure où sonna le couvre-feu. Les bonnes gens de Ter-Piete s'allèrent mettre au lit, bercés d'heureuses pensées et de beaux rêves.

Le lendemain lundi, ils retournèrent au monastère. L'abbé leur dit une messe du Saint-Esprit; après quoi il rassembla tous ses moines pour donner quelque solennité à l'octroi qu'il allait faire, et, s'étant assis sur son siége abbatial, il se prit à dire, d'une voix grave et douce :

— Mes bonnes gens de Ter-Piete, vous allez donc, selon vos ardents désirs, avoir aussi votre loi et vous gouverner en commune. Vous allez être des hommes et cesser d'être des enfants en tutelle; car, sous la protection du bienheureux saint Pierre, on ne peut pas dire que vous ayez jamais été des esclaves. Mais nos lieutenants parfois ont pu abuser de votre condition, qui vous a fait naître hommes de notre terre. Songez, bonnes gens, que la liberté exige des vertus plus fortes que la servitude, et qu'il n'y a jamais que les hommes vertueux qui restent libres. Si vous êtes unis, indulgents, équitables, maîtres de vos passions, ambitieux de donner de bons exemples, si vous observez exactement et loyalement les commandements de Dieu et de l'Église, surtout si vous vous gardez de l'orgueil, la liberté vous sera facile ; elle se plaira avec vous, et vous grandirez.... Si un jour vous retombez en servitude, si la guerre ou d'autres malheurs viennent, ce sera votre faute, sachez-le bien.

Ayant fini ainsi son petit discours, l'abbé de Saint-Pierre fit le signe de la croix ; et, voyant le vieux moine qui lui servait de secrétaire penché sur son parchemin et prêt à écrire, il dicta comme il suit.

— Ceci est la keure des hommes de Ter-Piete.

« Jean, par la grâce de Dieu abbé de Saint-Pierre de Gand, à tous ceux qui les présents verront, salut en Notre-Seigneur. »

— Ayez soin d'exprimer, dit l'abbé en s'interrompant, que nous agissons de concert avec tous nos frères : *Johannes, abbas, totusque ejusdem conventus,* et que nous donnons cette keure à perpétuité, *koram perpetuè possidendam.* Mes frères, ajouta-t-il, s'adressant à tous les moines, aucun de vous ne s'oppose ni ne voit obstacle à la loi que nous faisons ?...

Tous les moines s'inclinèrent et dirent qu'ils approuvaient sans réserve l'octroi fait aux hommes de Ter-Piete ; et ce fut un beau spectacle que l'unanimité de ces religieux si calomniés, érigeant une commune et travaillant à l'affranchissement des hommes.

— De ce jour, dit alors l'abbé, nos hommes de Ter-Piete sont hommes libres.

Les douze bourgeois, car ils le devenaient en ce moment, tombèrent à genoux tous ensemble, et s'écrièrent :

— Que Dieu garde et bénisse notre bon seigneur l'abbé de Saint-Pierre et nos bons pères les religieux de cette maison, dont nous serons toujours les fidèles !

L'abbé les fit relever et se reprit à dicter, au milieu d'un profond silence :

« Tous ceux qui demeurent et demeureront sur le territoire de Ter-Piete ne pourront, ni par nous, ni par nos lieutenants, être appelés en justice hors dudit territoire, pas même à Gand, pour délits passibles d'amendes, forfaits et crimes légers ou graves, non plus que pour toute chose qui nous toucherait nous-même à raison de notre juridiction. Mais ils devront avoir justice à Ter-Piete même, soit par-devant nous, soit par-devant celui que nous constituerons audit lieu, à notre place.

» Tous les ans, dans les huit jours qui précèderont la fête de saint Jean Baptiste, ou dans l'octave qui la suivra, le seigneur nommera, parmi ceux de Ter-Piete, cinq échevins. Leurs fonctions dureront une année. Ils ne pourront être réélus qu'après avoir été trois ans hors de charge.

» Celui qui par corruption aura acheté l'échevinage et qui en demeurera convaincu par trois échevins, sera exclu de ses fonctions et paiera au seigneur une amende de trois livres d'argent.

» Tout ce qui sera utile ou nécessaire à la commune devra être fait d'un commun accord entre le seigneur ou son représentant et les échevins et bons bourgeois de la commune. Ils pourront ouvrir des chemins et diriger leurs eaux comme ils le jugeront profitable.

» Quand les échevins auront décidé des ponts, chemins ou fossés utiles à la commune, le seigneur ou son lieutenant ordonnera publiquement, le dimanche, en présence des dits échevins, les corvées à faire pour chacun. Il précisera le jour où ces travaux devront être achevés. Ceux de Ter-

Piete qui se refuseraient à ces corvées communales seront remplacés par des travailleurs payés; et alors, en présence des échevins, ils seront condamnés à une amende, qui ne pourra excéder le double de la dépense causée par leur refus.

» Chacun pourra bâtir ce qu'il voudra sur sa terre, pourvu qu'il ne fasse préjudice ni détriment au seigneur, aux voisins, ou à la ville.

» Les échevins, en prenant l'avis des vieillards ou prud'hommes, peuvent établir un petit impôt sur les marchandises et objets de consommation qui se vendent au marché, s'ils jugent la chose avantageuse à la commune. Et nous devons, nous ou notre lieutenant, leur donner notre assentiment à cet effet, toutes les fois que nous en sommes requis. Nous devons aussi maintenir les hommes de Ter-Piete quittes et libres de toute taille, exaction ou vexation quelconque, excepté pour les cas où ils auront forfait, et à moins que, convoqués par nous dans une expédition, ils aient refusé de venir, comme ils doivent, nous fournissant douze serviteurs et un chariot attelé de quatre chevaux et conduit par deux garçons, le tout aux frais de la commune.

» Personne ne peut être convaincu de crime que par jugement de trois échevins au moins.

» Celui qui veut plaider une affaire doit citer ses adversaires devant le bailli (c'est le lieutenant du seigneur). Il faut que deux échevins au moins connaissent la citation. Il expose sa querelle par un défenseur ou amman. S'il veut plaider lui-même, il doit en avoir la permission du bailli.

» Celui qui parle sans permission et trouble ainsi l'audience paie une amende de douze deniers.

» Celui qui ne se présente pas à une citation est condamné à l'amende de trois sous. Les condamnés par contumace peuvent toutefois se relever de leur sentence, s'ils prouvent aux échevins que lors de la citation ils étaient hors du pays (*extra patriam*).

» L'étranger qui porte plainte, s'il donne suffisantes garanties, peut jouir, en plaidant sa cause, des coutumes de la commune.

» Le plaignant qui aura manqué lui-même à trois citations faites par lui, et qui paraîtra ne citer son adversaire que pour le vexer, ne pourra plus sur les faits avoir audience. Il paiera trois sous au seigneur, trois sous à sa partie adversaire, et le coût de la procédure.

» Personne ne peut être réconcilié avec le seigneur, pour un crime ou délit, sans avoir au préalable satisfait le plaignant.

» Toute cause doit être jugée, au plus tard, dans le délai de six semaines. »

— Voilà qui est parfait, s'écria un brasseur, lequel avait un procès dont il ne pouvait voir la fin.

Le digne abbé se disposait à poursuivre. Mais la cloche sonna le dîner. Tout l'auditoire alla s'asseoir à la table frugale du couvent, en s'entretenant du grand et noble travail qui s'opérait ce jour-là dans l'enceinte de la vieille abbaye. Le modeste dîner de carême dura un peu moins d'une demi-heure; après quoi la réunion retourna à la salle des archives, où l'abbé continua sa loi de la liberté.

Le bon vieillard tenait en main des notes arrêtées d'avance entre lui et les hommes de Ter-Piete, comme on le voit à la fin de la keure. Il les dictait sans beaucoup de méthode, sachant bien que, dans une charte que mille finesses ne compliquaient pas, le bailli et les échevins se reconnaîtraient parfaitement. Il reprit donc avec gravité :

« Celui qui aura dit à un autre des paroles d'opprobre lui paiera deux sous et deux sous au seigneur.

» L'homme qui en aura frappé un autre avec le poing, ou qui lui aura tiré les cheveux, lui paiera dix sous et dix sous au seigneur.

» Il en paiera quinze au seigneur et quinze à l'offensé, si celui qui est maltraité saigne ou tombe à terre.

» Dans une querelle où deux hommes se seront battus ou blessés, il n'y aura qu'un coupable, — celui qui aura commencé la querelle.

» Celui qui aura coupé à un autre un membre perdra le même membre, — tête pour tête, main pour main, dent pour dent, — à moins que grâce ne soit faite par le seigneur.

» Qui aura tué perdra la tête.

» Celui qui portera dans la commune des armes prohibées paiera au seigneur une amende de cinq sous. »

On entendait par armes prohibées le poignard et le fléau de poche.

« Celui qui tirera sur quelqu'un le fléau de poche lui paiera quarante sous et quarante sous au seigneur.

» Celui qui blessera quelqu'un avec le fléau de poche perdra la main.

» Celui qui aura fait violence à une femme perdra la tête.

» Si un meurtrier s'échappe, ses parents satisferont la famille du mort, en lui payant dix livres, et en jurant de refuser au fugitif toute assistance, jusqu'à ce qu'il se soit réconcilié.

» Celui qui donnera refuge à un assassin recherché paiera au seigneur cinq livres.

» Celui qui aura volé restituera le double et paiera trois livres au seigneur.

» Si celui qu'on vole appelle du secours, tout homme qui ne lui sera pas venu en aide paiera une amende de dix sous au profit du seigneur, — à moins qu'il n'affirme par serment qu'il n'a rien entendu.

» Celui qui serait banni pour vol, s'il peut donner deux répondants, chacun de six livres, qui garantissent qu'il ne volera plus, peut être absous.

» Personne ne peut être tenu pour voleur s'il n'a volé au moins la valeur de deux sous.

» Tout voleur capital (c'est-à-dire avec violence) sera pendu.

» Celui qui vendra le vin, l'hydromel, ou la cervoise, plus cher que ne le permettent les règlements, paiera une amende de cinq sous; il en sera de même de celui qui vendra avec une fausse mesure.

» Si quelqu'un réclame le paiement d'une dette qui soit à la connaissance des échevins, le bailli demande aux échevins leur déposition; et quand la dette est confirmée ainsi, le bailli la fait payer par deniers ou garantir par gage sur les biens du débiteur.

» Tout engagement quelconque doit se faire devant deux échevins assistés du greffier.

» Celui qui sera entré de force dans la maison d'un autre lui paiera cent sous et cent sous au seigneur, si c'était en plein jour; et ceux qui l'auront aidé dans la violence paieront chacun cinquante sous à l'offensé et cinquante sous au seigneur. Si l'invasion a eu lieu de nuit, on doublera les sommes.

» Les mêmes amendes seront prononcées pour embûches.

» Si une femme commet un délit ou un crime, elle paiera moitié moins qu'un homme. *(Si femina forefecerit, de forefacto emendabit domino et leso dimidietatem minus quam vir.)* »

L'abbé de Saint-Pierre de Gand s'arrêta ici, fatigué.

— Demain, dit-il, s'il plaît à Dieu, nous achèverons votre charte, bourgeois de Ter-Piete ; et nous avons croyance qu'elle vous sera bonne.

Les douze délégués de la nouvelle commune, ayant dit *amen*, s'en retournèrent à leur auberge, méditant et réfléchissant sur les dispositions de la keure qui leur était donnée, pièce digne peut-être, dans beaucoup de points, de quelques études qui seraient curieuses aujourd'hui, mais qu'il ne nous appartient pas d'aborder [1].

Le lendemain, après avoir, comme la veille, invoqué le Saint-Esprit, la petite assemblée législative termina son travail. Le vénérable abbé

[1] Le texte entier de cette keure, écrite en latin, a été publié dans les Annales de la Société d'émulation pour l'histoire et les antiquités de la Flandre Occidentale. Tome Ier, Bruges, 1839.

dicta plusieurs articles moins importants et qui offriraient au lecteur peu d'intérêt ; après quoi il conclut ainsi :

« Tout bailli, notre lieutenant à Ter-Piete, doit jurer d'observer fidèlement la présente keure de liberté. Il doit, sans délai, rendre justice à qui la demande. S'il refuse jamais de le faire, les échevins fermeront leur audience, jusqu'à ce qu'il y ait satisfaction.

» Les échevins de Ter-Piete ne peuvent, dans cette présente charte, rien changer, ajouter ou retrancher, sinon du consentement du seigneur.

» Lorsqu'ils seront embarrassés sur quelques points non prévus ici, qu'ils prennent un délai, qu'ils avisent des hommes probes et habiles ; — et s'ils ne trouvent pas lumières suffisantes, qu'ils viennent à Gand nous consulter comme leur chef. Ce que les échevins de notre commune de Saint-Pierre de Gand, assemblés par nous, auront mûrement décidé, ils le pourront suivre dans leur jugement.

» Fait, donné et *renouvelé*, de commun accord entre nous et nos hommes de Ter-Piete, l'an du Seigneur 1265, — le second jour après les Rameaux. »

Cette charte, écrite sur une vaste feuille de parchemin, ayant été relue attentivement, puis dûment scellée et signée, un *Te Deum* solennel fut chanté aussitôt à pleine voix ; après quoi l'abbé remit la pièce aux douze bourgeois, en désignant parmi eux les cinq échevins de la première année. Les bourgeois enfermèrent la keure qui les érigeait en citoyens, dans un sac de velours qu'ils avaient fait faire d'avance ; puis, ayant hâté leur dîné, ils reprirent le chemin de Ter-Piete.

Toute la nombreuse population de Ter-Piete, prévenue par un exprès envoyé de la veille, vint à leur rencontre, semant des feuillages sous leurs pas. Ils entrèrent dans la commune, dont les maisons étaient pavoisées ; ils se dirigèrent droit à l'église, où le curé chanta à son tour un *Te Deum*, soutenu de six mille voix. Ensuite, aux applaudissements de tous, il fit lecture de la keure ; et ce fut toute la soirée fête publique.

Ter-Piete semblait régénéré ; une vie nouvelle animait ses habitants. La commune s'entoura de bonnes palissades, perça des chemins utiles, endigua soigneusement ses polders, et tout refleurit. L'esprit de sagesse et d'union présida à l'administration de cette petite république flamande; pendant vingt ans, on la cita comme un modèle ; — son exemple fit accorder des chartes à plusieurs autres lieux.

Mais la prospérité eut à la longue un des mauvais résultats qui la suivent presque toujours chez les hommes : elle donna à ceux de Ter-Piete, devenus opulents, les sentiments de l'ambition et de l'orgueil. En 1287, se croyant plus forts que Biervliet, ils se rappelèrent la part que leurs pères avaient prise à la conquête de Constantinople, les droits qu'ils croyaient avoir plus que ceux de Biervliet à la possession du dragon rapporté de la croisade ; ils s'échauffèrent au souvenir du fait que c'était un enfant de Ter-Piete qui l'avait ramené par mer, et ils firent le projet de l'aller enlever dans Biervliet. Par hasard, la ville de Bruges eut vent de ce projet ; le dragon de Saint-Georges la tentait aussi depuis longtemps, et il lui semblait qu'un monument pareil convenait mieux à une grande cité qu'à une bourgade. Les

Brugeois allèrent donc à l'imprévu, profitèrent d'un moment de troubles causés par les guerres intestines de cette époque, investirent Biervliet, enlevèrent le dragon, et le posèrent chez eux sur le clocher de Sainte-Catherine.

Cet exemple de l'abus de la force fit un peu rentrer en eux-mêmes les bourgeois de Ter-Piete; et pendant longtemps encore, rien de reprochable, au point de vue matériel, ne se passa dans leur commune. Mais, devenus riches de jour en jour par la pêche et les autres industries, ils se gonflèrent en leur orgueil, disent les chroniques; ils se distinguèrent dans la contrée par un égoïsme particulier, dont on les verra subir la peine. Ils secouèrent peu à peu le joug de leurs propres lois, qu'ils façonnèrent et déformèrent, insatiables de libertés à mesure qu'ils s'en repaissaient, comme l'ivrogne dont la soif augmente en raison de ce qu'il a trop bu. C'est encore une comparaison que nous empruntons à nos vieux chroniqueurs. Leurs mœurs se corrompirent; on vit chez eux des meurtres, des inimitiés et des scandales. Leurs cœurs s'endurcirent, leur bourse fut fermée à l'aumône.

— Il y eut une fin.

En l'année 1377, sous le règne du comte Louis de Maele, l'été ayant eu de grandes pluies, on eut partout des craintes pour les digues, dans la partie de la Flandre qui avoisinait la mer. Ceux de Bervliet, qui étaient en avant, invitèrent leurs voisins de Ter-Piete à leur prêter assistance dans les grands travaux d'endiguement qu'ils entreprenaient, et qui devaient préserver la contrée de l'invasion des eaux. Ter-Piete répondit que Bervliet étant plus exposé, devait seul supporter ces frais, et, malgré les plus sages représentations, la commune orgueilleuse ne voulut rien faire. Les bonnes gens de Biervliet ne s'occupèrent donc que de bien entourer leur petite ville. Toute la partie gauche des polders resta mal défendue, et ce qu'ils avaient redouté arriva. Le 12 novembre de cette même année 1377, à la suite d'une haute marée, par un vent de tempête, le vaste bras de l'Escaut qu'on appelle le Hont brisa les obstacles trop frêles qui l'arrêtaient ; il se jeta en fureur sur les terres et dévora dix-neuf villages. Biervliet seul fut préservé. Et il est triste pour un pays libre de clore ainsi ses annales : la république de Ter-Piete, qui comptait glorieusement 7,000 citoyens, disparut corps et biens. Le lendemain il n'en restait aucune trace.

APPENDICE

NOTE SUR LE DRAGON DE SAINT-GEORGES

Ce dragon de cuivre doré, gros comme un petit bœuf, surmontait à Constantinople, alors chrétienne, le dôme de l'église de Saint-Georges. Posé là en girouette, il semblait le trophée du saint qui l'avait soumis. Une vieille tradition populaire annonçait que toute ville sur laquelle ce talisman étendrait ses ailes serait prospère et ne pourrait être prise d'assaut. Malheureusement, en 1202, le dôme de Saint-Georges menaçant ruine, on fut obligé de descendre le dragon; pendant qu'on réparait l'église, Baudouin de Flandre (en avril 1204) ayant pris Constantinople, où il fut peu après couronné empereur, un bon prêtre de Biervliet, ou de Ter-Piete, qui accompagnait les Flamands à la croisade, demanda au comte Baudouin le dragon pour sa commune. Baudouin l'accorda. A leur retour, l'année suivante, les Flamands, l'ayant soigneusement chargé sur une galère, le ramenèrent en triomphe dans leur pays. Les rives de l'Escaut étaient couvertes de curieux, accourus de toutes parts pour voir cette merveille, qui excita partout l'envie; car le dragon conquis n'eut pas plus tôt occupé son poste sur le clocher de Biervliet, que le bourg, comme par enchantement, s'agrandit et devint considérable.

Les Flamands de l'Ecluse, ceux d'Yzendyck et surtout ceux de Bruges regrettaient de ne pas posséder ce gage de succès. Aussi les Brugeois, dans les troubles de 1287, ayant eu occasion de dominer dans Biervliet, dressèrent à la hâte un solide échafaudage, descendirent le dragon et l'emmenèrent à Bruges ; là ils l'élevèrent sur le clocher de Sainte-Catherine.

Biervliet, en effet, décrut depuis cette époque ; et en 1577 une funeste inondation, qui eut lieu le 12 novembre, submergea les environs de Biervliet et faillit engloutir Biervliet même. Bruges, au contraire, florissait ; le comte de Flandre Louis de Maele avait pris cette ville en affection, il y tenait habituellement sa cour ; les Brugeois superstitieux attribuaient cette splendeur de la cité à l'influence du dragon.

On citait une autre prédiction, faite par un bonhomme en 1287, lorsqu'on avait fixé le dragon sur la flèche de Sainte-Catherine. « Bruges triomphera, avait dit le voyant populaire, jusqu'au moment où le dragon de Saint Georges se rencontrera nez à nez avec le coq de Saint-Donat. » On avait commencé par rire de cette singulière prophétie. Comment en effet ces deux girouettes pesantes pouvaient-elles se rapprocher à travers les airs ? Mais un docteur avait interprété ces mystérieuses paroles, en déclarant que, sans se toucher, le coq et le dragon pouvaient se rencontrer de loin face à face, si l'un ou l'autre, se rouillant sur son pivot, ne tournait plus avec le vent. On eut donc soin d'entretenir diligemment les deux girouettes. La prophétie, toutefois, n'occupait plus, lorsqu'eurent lieu les troubles de 1382. Les Gantois, mécontents de leur comte Louis de Maele, s'en étaient violemment séparés et s'étaient choisi pour ruwaert Philippe d'Artevelde. Bruges s'en réjouit ; car les seigneurs attachés à Louis de Maele s'étaient retirés tous dans cette ville, où ils faisaient beaucoup de dépenses. Un très grand luxe régnait alors chez les Brugeois. Dans un excès de vanité municipale, ils firent descendre leur dragon, dont la dorure s'était noircie ; on le transporta dans l'atelier d'un habile ouvrier, qui fut chargé de le redorer à neuf.

Peu de jours après, le prévôt de Saint-Donat, ne voulant pas que son église eût moins d'éclat que celle de Sainte-Catherine et ne se défiant pas d'une prédiction vieille d'un siècle, ou n'y songeant plus, fit descendre aussi, pour le redorer, le coq de son clocher, et l'envoya dans l'atelier où était déjà le dragon. Il y avait huit jours que les deux girouettes, objet de la prophétie, se trouvaient justement nez à nez dans la cour du doreur, lorsque, le 3 mai de ladite année 1382, les Gantois, par un brillant fait d'armes, s'emparèrent de Bruges. On se souvint alors du bonhomme ; mais il était trop tard. Philippe d'Artevelde emporta le dragon, que la ville de Gand hissa sur son beffroi, à la place de l'aigle impériale qu'on y voyait auparavant ; et les Gantois attribuent à ce talisman la prospérité qui longtemps ne les a pas quittés, et qui ne baisse que depuis qu'on néglige le dragon.

Cette curieuse girouette est un antique monument assez grossier de l'art byzantin; il a, de la pointe du dard au bout de la queue, douze pieds du Rhin. En 1545, en 1689, en 1771, et enfin le 27 avril 1859, on l'a descendu pour le réparer. Des chaudronniers chargés de cette besogne l'ont traité comme une casserole. Nous l'avons vu, et il nous semble que les Gantois ont tort.

L'Avarice.

L'AVARICE

LA LÉGENDE DU CHEVAL DE L'HUISSIER

> Sévère, mais juste.
> **OUDEGHERST.**

Jean d'Oostcamp habitait près de Bruges un manoir ou château qui a disparu, comme on le verra. L'emplacement qu'il occupait a fait partie, un peu plus tard, des agrandissements de la ville.

C'était l'année 1114, sous le gouvernement de Baudouin-à-la-Hache, vaillant prince et grand justicier. Quoiqu'il eût porté des lois sévères contre les méfaits des châtelains, et que son moindre châtiment fût de punir *pœna talionis,* c'est-à-dire tête pour tête et membre pour membre, comme l'observe Oudegherst, il y avait encore beaucoup de seigneurs qui s'érigaient en petits tyrans dans leurs domaines. Quand Baudouin le savait, il y mettait ordre. Mais il était loin de tout savoir.

Le seigneur Jean d'Oostcamp opprimait ses vassaux. Il se croyait bien assuré d'appui, parce qu'il avait son frère Pierre parmi les chevaliers du Comte. Il était avare et si méchant, que personne n'osait porter plainte contre lui. Il avait acheté, d'un petit marchand de Bruges, grand nombres d'aunes de drap et de toile, pour les besoins de sa maison. La moitié de la fortune du petit marchand était ainsi dans les mains du châtelain, et le bonhomme ne pouvait avoir paiement; ce qui gênait toutes ses affaires. Cet état de choses durait depuis dix ans, lorsque, en ladite année 1114, le marchand mourut. Pour solder ce qu'il devait aux tisserands de la ville, sa veuve fit ressource de toutes ses marchandises; elle resta avec deux enfants en bas âge.

N'ayant pas autre chose pour vivre que sa créance sur Jean d'Oostcamp, elle alla trois fois chez ce seigneur; trois fois il la fit mettre à la porte de son manoir.

Si elle eût été seule, la pauvre femme abattue eût renoncé à l'espoir de la somme que lui devait Jean d'Oostcamp; elle se fût mise au travail chez quelque tisserand et se fût contentée d'un pain gagné par ses sueurs. Mais comment nourrir ses deux enfants? L'amour maternel lui fit braver la terreur qu'inspirait le châtelain. Le comte de Flandre, Baudouin-à-la-Hache, se trouvant en ce moment à Bruges, elle fut l'attendre à la porte de Saint-Donat, où il allait ouïr la messe. Elle se jeta à ses genoux et lui exposa sa peine. Baudouin, en écoutant ce récit, porta machinalement la main à sa terrible hache; puis, réfléchissant que ce n'était pas là un crime, mais un délit, il se borna à dire avec bonté à la veuve:

— Envoyez aujourd'hui un des bedeaux (sergents ou huissiers) de la justice de Bruges au château de Jean d'Oostcamp, et venez demain me dire ce qu'il aura répondu.

La bonne femme s'en alla. Mais, de tous les bedeaux ou semonceurs judiciaires établis dans

Bruges pour la justice du Comte, aucun ne voulut aller au manoir de Jean. La veuve du marchand revint donc le lendemain à la porte de Saint-Donat. Elle raconta à Baudouin ce qui se passait.

— Ainsi, dit le Comte, on craint un homme qui ne craint pas les lois. J'enverrai Ulryck, un de mes sergents; et nous verrons ce que répondra le félon. Expliquez-lui votre affaire, pauvre femme.

Le noble comte dit deux mots à un petit homme de sa suite; puis il entra dans l'église.

Le petit homme s'approcha de la veuve; c'était un Flamand, calme et doux, de taille au-dessous de la moyenne, pâle mais animé, et dont les traits pleins de bonhomie se relevaient d'un œil vif et spirituel. Sous le titre de sergent, il était chargé des ordres rigoureux du Comte, comme ceux qu'on nommait aussi les bedeaux; ce sont les huissiers d'aujourd'hui. Cette profession était peu compatible avec son caractère; mais il se trouvait placé ainsi.

— Cet homme refuse donc de vous payer? dit-il doucement à la bonne femme.

— Oui, messire, répondit la veuve; et nul des semonceurs de Bruges ne veut lui porter une cédule.

— J'irai, moi, répliqua le petit homme.

La femme reconnaissante leva les yeux sur Ulryck et s'intéressa à lui.

— Faible et bon comme vous semblez être, messire, ne craignez-vous pas monseigneur Jean d'Oostcamp? C'est un seigneur redoutable.

— Oh! je ne puis rien appréhender, dit Ulryck; je porte la verge au lion; la hache du puissant comte est brodée sur ma manche. Il me doit respect comme à un officier de son souverain. Retournez en votre logis, bonne femme. Après la sainte messe, je ferai votre message de justice; et dans trois heures au plus vous aurez bonne raison.

La veuve remercia Ulryck, et se retira, le cœur serré, sans pouvoir trop se rendre compte de ce qu'elle éprouvait.

Aussitôt qu'il eut entendu la messe, Ulryck s'empressa de rentrer au château des Comtes; il se dirigea vers l'écurie, sella et brida son petit cheval, prit sa verge d'ébène, au bout de laquelle était un lion d'argent, et se mit en chemin pour le manoir de Jean d'Oostcamp.

Les chevaux de bonne race ont ordinairement une qualité qu'on est convenu d'appeler l'instinct et qui vaut quelquefois mieux que notre intelligence. Un cheval s'arrête à l'entrée d'un bois infesté de loups; rien ne le décidera à franchir une forêt où il sent la présence du tigre. Minn (c'était le nom du petit cheval d'Ulryck) avait, d'une manière spéciale, le tact dont nous parlons ; le pauvre animal semblait prévoir le péril, sinon pour lui, du moins pour son maître. Jamais le sergent n'avait pu le décider à marcher dans une bataille. C'était un petit cheval qui n'aimait pas le danger, mais qui aimait vivement Ulryck. Son maître lui rendait affection pour tendresse ; il soignait Minn lui-même soir et matin, garnissait son râtelier, surveillait sa litière, faisait sa toilette ; et la bête, accoutumée à l'homme, le reconnaissait de loin, le saluait de ses hennissements, tournait la tête pour le voir, baissait tristement les oreilles quand il s'éloignait. Si l'huissier était absent et qu'une main étrangère vînt à sa place apporter le foin ou l'avoine, le cheval semblait affligé et ne mangeait point. Personne que son maître ne le montait.

Minn avait quelquefois des volontés inexplicables; ainsi il prenait un chemin de préférence à un autre et souvent faisait faire au sergent un détour d'une lieue. Ulryck, qui jamais n'avait pu vaincre à ce sujet les obstinations de son petit cheval, avait fini par le laisser libre. Minn sait ce qu'il fait, disait-il : s'il me conduit par la route de droite, qui est la plus longue et qui augmente sa peine et son travail, c'est qu'il sent quelque péril dans la route de gauche.

Cependant, quand le devoir l'exigeait, Ulryck avait un moyen de vaincre l'entêtement de Minn; il descendait, laissait son cheval, et marchait à pied. La pauvre bête ne manquait jamais de suivre son maître, comme eût fait un chien. Si un obstacle la séparait de lui, dès qu'elle pouvait s'échapper, elle savait le rejoindre et le retrouver dans la foule. Si Ulryck faisait une excursion sans son cheval, et qu'en son absence on ouvrît l'écurie, Minn prenait sa course et suivait la piste de l'huissier jusqu'à une demi-lieue de Bruges.

Les expéditions du sergent ne s'étendaient guère plus loin.

Tout le monde dans la ville connaissait le petit cheval; tout le monde pouvait l'approcher; mais il ne se laissait prendre ni monter par personne.

Nous ne mentionnons tous ces détails que parce qu'ils sont singuliers. Ajoutons une observation, que le sergent avait souvent faite; c'est que, dans toutes les occasions où le fidèle Minn avait refusé de marcher, Ulryck avait rencontré des dangers. A un combat contre un baron rebelle, Ulryck s'étant avancé à pied, car son cheval s'arrêtait, il avait reçu une profonde blessure. On citait plusieurs autres exemples.

Dans l'affaire qui nous occupe présentement, Minn se montrait plus rétif que jamais; il se jetait à droite et à gauche dans les rues de Bruges; quand il fallut, au sortir de la ville, suivre le chemin du manoir de Jean d'Oostcamp, le petit cheval fit halte, si décidé à ne pas aller plus loin, que peu à peu Ulryck se fâcha. Il n'avait pas d'éperons; c'était alors la marque distinctive des chevaliers. Mais il en eût porté, qu'il ne s'en fût pas servi avec Minn. Il lui parla d'une voix menaçante, le cheval baissa la tête; il lui appliqua en gémissant un coup de sa verge d'ébène; puis il regretta ce coup : Minn baissa la tête davantage, mais n'avança pas plus.

— Minn, dit-il enfin en parlant à la bête comme si elle eût pu le comprendre, nous marchons par ordre de monseigneur le comte de Flandre, et nous portons la verge noire au lion d'argent; on nous respectera.

Minn, pour toute réponse, se retourna vers la ville qu'il venait de quitter.

— C'est pusillanime tout à fait, dit l'huissier; ce que vous faites là, Minn, dénote peu de cœur. Nous sommes sous la sauvegarde de Baudouin-à-la-Hache.

En disant ces mots, Ulryck mit pied à terre.

— Va-t'en si tu as peur, mon pauvre Minn, dit-il à son cheval; pour moi, je dois faire mon devoir. — Et il marcha.

Minn le suivit, l'œil triste et la tête penchée jusqu'à terre. En arrivant à la porte du manoir, dont la herse était baissée, Ulryck sonna d'un petit cor attaché à un poteau.

— Qui êtes-vous ? dit un homme d'armes en paraissant.

— Un officier de monseigneur Baudouin-à-la-Hache, le redouté comte de Flandre.

La herse, au bout d'un instant, se leva.

Ulryck était entré dans le manoir, suivi de Minn. En pénétrant dans la cour étroite et entourée de hautes murailles, il eût pu se croire dans une prison ou dans un repaire. L'homme d'armes ou le valet qui avait levé la herse le conduisit à la grande salle où se trouvait Jean d'Oostcamp. C'était une place de quarante pieds de long sur vingt-cinq pieds de large, qui n'avait pour plafond que le toit, composé de grandes tuiles sur une lourde charpente. — Une table massive occupait le milieu. Autour étaient des bancs de sapin. Les murs de brique nue étaient tapissés d'armes, de filets, de peaux de loups. Une armure de chevalier, tout en fer, était dressée à un bout sur une estrade grossière, et soutenue par un mannequin de bois. À l'autre bout, devant une large cheminée où brûlait un tronc d'arbre, était assis, sur un escabeau de bois peint en noir, le seigneur Jean d'Oostcamp, entouré de trois serviteurs. Il avait un bonnet de peau de lièvre, un pantalon formant chausses et haut-de-chausses en gros drap vert de Bruges, des sabots noirs aux pieds, et pour surtout une saie ou blouse d'étoffe de laine rouge, retenue par une ceinture noire, à laquelle pendaient à droite un grand couteau dans sa gaîne, à gauche une hache courte mais pesante. Un pot de bière et des tranches de pain beurré étaient devant lui, sur un billot qui servait de table portative. Le sol de la chambre n'étant pas pavé, était jonché de paille fraîche. Sous la table reposaient deux gros chiens, qui grondèrent à l'approche d'Ulryck, mais qui se turent à un mot de leur maître.

La description qu'on vient de lire peut donner une idée du manoir seigneurial au commencement du douzième siècle. Le luxe amené par les croisades commençait à peine à se faire sentir dans quelques maisons privilégiées.

Dès que l'huissier parut, Jean d'Oostcamp, sans dire un mot, lui présenta le pot de bière avec une tranche de pain. C'était l'usage.

— Je ne puis rien accepter, messire, dit Ulryck, avant que ma mission ne soit accueillie.

— Vous venez de la part du comte Baudouin, dit Jean d'Oostcamp. Que demandez-vous?

— Je suis ici, reprit le sergent, comme semonceur public de la justice de monseigneur. Pour votre dette envers un certain marchand de Bruges, aucun des bedeaux de la ville n'ayant osé marcher, c'est à moi que monseigneur le comte de Flandre très redouté a adressé la veuve dudit marchand.

— Ces choses-là, dit brusquement le châtelain, ne regardent pas le Comte.

— Toute justice est son lot, messire, reprit l'huissier; et par la verge au lion, — au nom de Dieu et de justice, — je viens vous sommer de présentement payer en mes mains la somme due, ou de me suivre devant le juge du Bourg, pour là être condamné sur ladite somme et rester en la prison de la ville jusqu'à parfait acquittement; car telle est la loi. . . .

Ulryck n'eut pas le temps d'en dire davantage. La figure du châtelain était devenue pourpre, aux premiers mots de la sommation. Il se leva en colère, et balbutiant :

— Misérable serf! moi en prison!

Il se jeta sur l'huissier, le poussa violemment hors de la salle, referma la porte, et se remit sur son escabeau ne se possédant pas.

Ulryck, sentant qu'il remplissait une fonction austère, supporta ce mauvais traitement; et, ne voulant pas s'en retourner sans s'être acquitté pleinement de sa charge, il remit sa verge d'ébène dans une petite poche de la housse de Minn, qui l'attendait; il prit un encrier, une plume, une feuille de parchemin; puis il écrivit sa sommation. Car il savait écrire; ce qui était rare alors parmi les sergents de justice.

Avant de clouer la cédule à la porte de Jean d'Oostcamp, d'une voix un peu tremblante, mais solennelle, il en fit la lecture, interpellant, au nom du très redouté comte de Flandre, tous les vassaux, serviteurs et manants du château, de prêter main-forte à justice, — d'appréhender au corps ledit châtelain, — et de le conduire à la prison du Bourg, sous peine d'être traités comme félons et rebelles.

Au moment où il finissait sa démarche hardie, Jean d'Oostcamp, hors de lui, s'élança, la hache à la main; et, voyant l'huissier qui se disposait à fixer la cédule à sa porte, il lui fendit la tête.

Ulryck chancela; il eut pourtant la force de se traîner jusqu'à son petit cheval, mit sa cédule souillée de sang dans la housse; et, après cet effort, il s'affaissa tout d'un coup et rendit le dernier soupir.

En voyant tomber l'officier du Comte, la fureur de Jean s'était arrêtée. Il ordonna à ses serviteurs de baisser la herse et de conduire Minn dans son écurie. Mais le petit cheval, comme s'il eût compris ce qui se passait, prit son élan, et il était sortit du manoir avant que la herse fût retombée. On ferma les portes; et, pour ne pas laisser de trace du crime qui venait d'être commis, les valets du châtelain firent à la hâte une fosse dans laquelle ils enterrèrent le sergent.

Minn cependant avait promptement regagné Bruges. Il s'arrêta au Bourg, devant la porte des Comtes. Baudouin dînait avec quelques-uns de ses chevaliers. On vint lui dire que le cheval d'Ulryck était revenu seul, rapportant dans sa housse la verge d'ébène et un parchemin sanglant. Le comte de Flandre inquiet prit la cédule; espérant retrouver Ulryck seulement blessé, il monta à cheval avec ses seigneurs et courut sur la route du manoir de Jean d'Oostcamp. Minn, dont personne ne s'occupait, suivit le cortége sans qu'on le remarquât, tant Beaudouin était absorbé par la pensée de son sergent.

Il n'y avait pas deux heures que le meurtre était consommé, lorsque le comte de Flandre parut à la porte du château. On leva la herse ; toutes les traces du crime avaient disparu. Jean d'Oostcamp, qui avait dû prévoir cette visite, s'y était préparé ; il s'était fait un front serein.

— Je viens, dit sévèrement Baudouin, vous redemander Ulryck, mon sergent de justice.

— Personne n'est venu ici, Monseigneur, dit effrontément le châtelain ; et vos chevaliers peuvent visiter tout le manoir.

— Comment ! s'écria le Comte, Ulryck n'est-il pas venu vous apporter cette cédule, châtelain déloyal, et vous sommer de restituer le bien de la veuve ?

Jean prit froidement le parchemin, et le voyant taché de sang :

— Cette cédule en effet m'était destinée, dit-il avec calme. Mais vous le remarquerez, Monseigneur, elle est ensanglantée. Il est probable qu'en son chemin le pauvre Ulryck aura été assassiné.

— Et qui l'eût osé, si ce n'est toi ? reprit Baudouin. Il portait la verge au lion ; il était sous ma sauvegarde. Chevaliers, visitez le manoir ; interrogez les valets et les gens d'alentour.

Pendant que la suite du comte de Flandre exécutait ses ordres, Jean d'Oostcamp demeurait devant son souverain, continuant à s'excuser, protestant qu'il allait enfin payer la veuve, et parlant avec tant d'assurance, que Baudouin commençait à le croire innocent. Cette présomption devint presque une certitude quand les chevaliers reparurent, n'ayant rien appris et rien découvert.

Baudouin, inquiet d'un forfait dont il perdait la trace, allait se retirer. Il jette sur Jean d'Oostcamp un dernier regard scrutateur ; il voit que le châtelain change de visage, qu'une pâleur mortelle couvre ses traits, et qu'il ne peut détacher sa vue de l'angle le plus éloigné de la cour. Baudouin y porte lui-même les yeux ; il aperçoit Minn, qu'il croyait resté à Bruges, occupé à gratter, avec ses pieds de devant, une terre fraîchement remuée. Il s'approche ; il voit de grosses larmes dans les yeux du petit cheval ; il fait enlever la terre de la fosse, et l'on découvre le cadavre d'Ulryck.

Jean d'Oostcamp, se voyant trahi, avait cherché à s'enfuir. Les chevaliers du Comte le retinrent. Il tomba à genoux et demanda grâce. Mais la justice de Baudouin-à-la-Hache était inexorable. Il fit conduire le châtelain hors du manoir ; et là sur le chemin public, qui est terre de souverain, il le condamna à mourir. Puis, saisissant la bride du petit cheval, il lui dit :

— Console-toi, mon pauvre Minn ; c'est toi, qui vengeras ton maître.

Deux chevaliers, comprenant rapidement la volonté du Comte, ôtèrent à Jean sa hache et son poignard ; deux autres lui lièrent les jambes et les mains ; après quoi ils l'attachèrent par les pieds à la queue du petit cheval, qui se mit à ruer pour la première fois de sa vie, et qui, s'élançant dans les ronces, dans les broussailles, mit en pièces le meurtrier de son maître, et s'en revint le soir à la ville, ne rapportant que de hideux lambeaux. Le manoir fut démoli par ordre du Comte, la dette de la veuve fut payée, et une messe de cent ans fut instituée à Saint-Donat, pour le repos de l'âme d'Ulryck.

Baudouin avait pris le petit cheval dans ses écuries, il voulait qu'on lui donnât les invalides ; mais les fatigues de la veille l'avaient abîmé, et le lendemain aussi on le trouva mort.

L'Envie.

L'ENVIE

LE PAMPHLET

> Si ceux du Parlement s'en mêlent,
> Bien fin qui s'en démêlera.
> *La Misère des Plaideurs.*

C'était à Paris joie tumultueuse et bruyante, le 27 décembre 1594, dans une des notables maisons de la rue de la Pelleterie, aujourd'hui le Marché-aux-Fleurs. Les enfants de la maison faisaient leurs préparatifs pour le lendemain, qui était la fête des Innocents. Alors la religion avait le doux privilége d'égayer le cours de l'année par des réjouissances naïves. La Saint-Martin, la Sainte-Catherine, la Saint-Nicolas, la nuit de Noel, les Innocents, le premier jour de l'an, Sainte-Geneviève, les Rois, toute cette suite de fêtes riantes, qui réunissaient les familles, jetait du charme sur les lentes semaines de l'hiver. La fête des Innocents était surtout chère aux enfants de toutes les classes, à qui elle donnait des droits importants : ils étaient traités ce jour-là comme les maîtres de la maison ; ils pouvaient endosser les habits des grands parents, commander le dîner, découper à table, recevoir des visites. La grand'mère vénérée ne pouvait pas refuser sa fraise antique à sa petite fille qui marchait à peine ; et le vieux magistrat voyait avec joie son petit-fils, qui commençait à épeler, perdu dans sa vaste perruque.

Les nourrices et les mères improvisaient des costumes d'une gravité burlesque ; et partout la vive allégresse des enfants répandait la sérénité dans les familles.

La maison que nous venons d'indiquer, située au midi sur la rue de la Pelleterie, et au nord sur la Seine, qui en baignait le pied, était celle de messire Pierre Lugoly, lieutenant-criminel. Malgré la nature sévère de ses fonctions et la sécheresse de son cœur, Lugoly, assis à côté de sa femme, souriait avec bonheur au ravissement de ses enfants.

Il était occupé à confectionner, pour son fils aîné, âgé de sept ans, un superbe baudrier de parchemin, auquel il accrochait, en guise de croix de Saint-Michel, un splendide cornet de Saint-Hubert; et la dame Lugoly, avec du camelot qu'elle bourrait de son, fabriquait deux hanches à vertugadin, pour sa fille qui marchait depuis six mois, lorsqu'un jeune homme entra, d'un air si effaré, qu'il suspendit tout à coup ces légers travaux.

— Qu'avez-vous, Scipion ? dit messire Pierre en se levant et en s'avançant vers le jeune homme, lequel, dans son agitation, avait commencé par s'asseoir sur une escabelle de cuir.

— Ce que j'ai ? répondit Scipion ; j'ai regret d'être venu dans votre ville ; et je voudrais déjà me voir de retour en ma province. Je n'en pourrai souper ce soir. Un nouvel attentat vient d'avoir lieu contre Sa Majesté.

— Contre Henri de Bourbon ? Et Sa Majesté ?..

— Sa Majesté n'est que légèrement blessée à la bouche ; mais c'est un attentat.

— A quelle époque vivons-nous ! dit la dame Lugoly.

— Je ne puis donc sortir, ni bouger, reprit messire Pierre ; je dois attendre ici les ordres qu'on ne manquera pas de m'expédier tout à l'heure. Mais ne savez-vous point les détails de ce forfait ?

— Un gentilhomme de la maison du comte de Soissons vient de me les conter. La chose s'est passée tout à l'instant, comme le roi Henri-le-Quatrième arrivait de Picardie. Parmi plusieurs qui étaient entrés à sa suite dans une des chambres du Louvre, se trouvait un petit jeune homme, que l'on ne remarquait point et qui cachait dans sa manche un couteau dont il voulait frapper le roi au cœur. Or, comme Sa Majesté se baissait un peu vers les seigneurs de Montigny et de Ragny, qui lui étaient présentés, le coup lancé ne frappa que la bouche, dont elle rompit une dent. Personne n'avait rien vu ; et le roi, blessé, crut qu'il devait le coup qu'il venait de recevoir à Mathurine, la folle de la reine ; mais cette folle, au contraire, avait seule aperçu le meurtrier et s'était hâtée de fermer la porte. Si bien que le comte de Soissons, remarquant le jeune inconnu plein de trouble, le prit au col, disant : « C'est vous qui avez frappé le roi ! » L'assassin alors laissa tomber son couteau, et avoua son projet, qui était de tuer Henri de Bourbon.

— Et sait-on le nom de ce jeune scélérat ?

— Il se nomme Jean Châtel ; c'est le fils d'un riche marchand drapier qui habite ici près, en la rue de la Barillerie, devant le Palais-de-Justice.

— Il est arrêté ?

— Et en prison, quoique Sa Majesté ait dit qu'elle lui pardonnait, ne voyant en lui qu'un fou.

— Un second Pierre Barrière, qui le suit de bien près. Mais s'il est jeune, comme vous le dites, n'est il pas écolier ?

— Il a étudié à l'Université.

— C'est fâcheux.

— Pourquoi ?

— Parce qu'il vaudrait mieux qu'il étudiât chez les Pères Jésuites. C'eût été grand triomphe pour Messieurs du Parlement. Ils avaient espéré, lors du procès de Barrière, y pouvoir entraîner ces Pères, qui les gênent. Mais, loin qu'un Jésuite eût pris part au complot, il se trouva par malheur que c'était un Jésuite qui en avait donné avis à Sa Majesté [1].

— Mais vous parlez singulièrement, reprit Scipion; et je ne conçois guère comment Messieurs du Parlement, s'ils sont catholiques, peuvent être contraires aux Pères de la Société de Jésus.

— Ceci, riposta Pierre Lugoly, est une question épineuse et délicate, mon jeune ami. Je suis lieutenant-criminel, aux ordres de Messieurs du Parlement, auxquels je dois obéir en toutes choses. Les décisions religieuses ne sont pas mon fait. Je sais seulement que Messieurs, accoutumés depuis les troubles, et surtout depuis la Ligue, à gouverner un peu toutes choses, repoussent le concile de Trente, qui, dit-on, mettrait la paix au royaume, et s'opposent aux Pères Jésuites, qui prêchent l'obéissance. Il plaît à Messieurs

---

[1] Henri IV lui-même, dans sa réponse aux remontrances du Parlement lors du rappel des Jésuites en 1603, reconnut publiquement ce fait. Il reconnut aussi que, des quatre religieux de différents Ordres que Barrière avait consultés sur la question de savoir s'il était permis de tuer Henri IV, comme on l'avait proclamé partout durant la Ligue, celui qui l'en avait détourné le plus fortement était un Jésuite, le père Varade, lequel lui avait dit que la simple pensée de ce crime, s'il s'y arrêtait, suffisait à le damner.

qu'il y ait un peu de tumulte et quelques oppositions; ils se font valoir en ces choses; et le Parlement tomberait, si tout allait comme il faut. Et puis une grande tranquillité donnerait l'idée peut-être de rechercher certaines curiosités d'autrefois. Plusieurs conseillers ont été ligueurs ; les uns ont écrit des libelles, les autres prononcé des sentences ; ceux-ci dicté des arrêts, ceux-là signé des placards contre le feu roi Henri de Valois et contre le roi régnant lui-même; il en est enfin qui donnent dans les doctrines nouvelles, ou qui ont épousé des filles de réformés, ou qui sont en leur intérieur plus ou moins huguenots, ou qui se sentent refroidis à l'égard de l'Eglise Romaine; et vous verrez qu'il sortira de tout ceci un demi-catholicisme, un petit schisme, qui ne sera ni romain, ni luthérien, mais qui sentira son parlement et se fomentera dans ce corps. Je puis même, Scipion, vous dire entre nous un jugement que j'ai ouï faire par M. le président de Thou lui-même, lequel n'aime pas les Jésuites : — qu'il y a lutte violente entre la robe et la soutane ; — que sous des prêtres romains parfaits, comme se montrent les Jésuites, les procès deviendraient impossibles ; — qu'il faut, par conséquent, que les avocats mangent les Jésuites, ou que les Jésuites mangent les avocats ; — et je crois ces derniers....

— Les plus féroces, dit Scipion Dupleix.

Le son des cloches, mises en branle à toutes volées, interrompit cet entretien. Pierre Lugoly sortit à sa porte, afin d'apprendre ce qui se passait.

On lui annonça que les églises s'emplissaient de gens qui rendaient à Dieu leurs actions de grâces pour le salut du roi.

— Allez à Notre-Dame, Scipion, dit-il ; et priez aussi pour moi, qui ne puis m'éloigner.

Le jeune homme prit sa toque en hâte et se dirigea vers la cathédrale.

Il y avait peu d'instants qu'il s'était éloigné, lorsque Lugoly reçut la visite empressée de messire Louis Masure, conseiller du parlement. Il était suivi d'un laquais de la grand'chambre, qui portait un paquet de hardes.

— Victoire ! cria Masure en entrant, nous les tenons pour le coup ; et la trame est montée de sorte qu'ils n'échapperont pas cette fois !

— De qui parlez-vous, messire ? demanda Lugoly.

—Mais d'eux, je parle d'eux, répondit Masure ; c'est assez clair. Vous avez bien fait de demeurer ici en faction. Vous savez ce qui s'est passé et de quoi il s'agit ? Le jeune parricide est au cachot, avec les fers aux pieds, au cou et aux mains. Sa dague sacrilége est au greffe. Par bonheur, il a étudié chez eux.

— On m'avait dit, répliqua le lieutenant-criminel, commençant à comprendre, qu'il était écolier de l'Université.

— Qu'importe ! Il a fait chez eux sa philosophie au collége de Clermont : j'espère que c'est bien là chez eux, les Jésuites, puisque c'est leur collége. Il a dû y entretenir des relations : voilà tout ce qu'il faut. Vous allez vous vêtir en prêtre et vous rendre à l'instant aux cachots du Fort-l'Évêque. Le geôlier est prévenu. Le jeune homme demande à se confesser. Sous cet habit vous saurez de lui toutes choses, et nous en informerez. Il est heureux que nous ayons à temps vu la chose. Le grand-prévôt de l'hôtel se saisissait du régicide, et l'allait expédier, quand fort heureusement

M. le président de Thou évoqua le procès en parlement. Il sera jugé demain sans désemparer. Hâtez-vous, Pierre ; je cours à Notre-Dame dire quelques mots au populaire.

Pierre Lugoly, comme on l'a pu remarquer, était un homme sans passions politiques; mais esclave de sa place; sans conscience, il se croyait tenu à une obéissance passive que nous n'avons pas mission d'apprécier. Il endossa en silence l'habit de prêtre qu'on lui avait apporté, et s'en alla, à la faveur de la nuit qui commençait à s'épaissir, escroquer, selon l'ordre qu'il venait de recevoir, la confession dont le parlement paraissait avoir besoin [1].

Pendant ce temps, Louis Masure, l'honnête conseiller, allait exciter le peuple au sortir des églises, disant que le régicide était un agent des Jésuites. Il se trouvait en ce temps-là, parmi la populace de Paris, beaucoup de religionnaires et plusieurs garnements, gens de sac et de corde, venus de tout lieu, accoutumés par tant d'années de troubles à se complaire dans le désordre. Il se fit donc diverses petites bandes qui se portèrent

---

[1] Voyez à ce sujet le Journal de l'Estoile.

au collége de Clermont, hurlant qu'il fallait jeter à la Seine les Péres Jésuites, ces tueurs de rois.

Notez que, de tous les ordres ecclésiastiques qui condamnaient l'odieuse doctrine par laquelle il était permis de tuer les rois hérétiques, les Jésuites étaient précisément ceux qui la repoussaient avec plus de chaleur. D'ailleurs elle n'était plus applicable à Henri IV, sorti des rangs des ennemis de l'Église; et c'est l'avis de quelques graves personnages que, si on eût cherché avec bonne foi, on eût trouvé dans certaines sectes réformées les moteurs ténébreux de ces assassinats.

Nous verrons ce qui advint des menées de Louis Masure. En même temps qu'il s'agitait si chaudement au profit des passions du parlement, le roi Henri IV achevait une lettre, ainsi conçue, qu'il faisait copier par plusieurs secrétaires et par ses gentilshommes, voulant l'adresser ce soir-là même aux bonnes villes de son royaume, pour prévenir le mauvais effet des bruits sinistres :

« Il n'y avait pas plus d'une heure que nous
» étions arrivé à Paris, de retour de notre voyage
» de Picardie, et étions encore tout botté,

» qu'ayant autour de nous nos cousins le prince
» de Conti, comte de Soissons, comte de Saint-
» Paul, et plus de trente ou quarante des prin-
» cipaux seigneurs et gentilshommes de notre
» cour, comme nous recevions les sieurs de Ra-
» gny et de Montigny, qui ne nous avaient pas
» encore salué, un jeune garçon, nommé Jean
» Châtel, fort petit et âgé au plus de dix-huit
» à dix-neuf ans, s'étant glissé avec la troupe
» dans la chambre, s'avança sans être quasi
» aperçu, et nous pensant donner dans le corps
» du couteau qu'il avait, le coup (parce que nous
» nous étions baissé pour relever les dits sieurs de
» Ragny et de Montigny, qui nous saluaient) ne
» nous a porté que dans la lèvre supérieure du
» côté droit, et nous a entamé et coupé une dent.
» Il y a, Dieu merci, si peu de mal, que pour
» cela nous ne nous en mettrons pas au lit de
» meilleure heure. »

Comme le Roi signait ces lettres, on lui vint dire que les Jésuites étaien menacés par des bandes furieuses. Surpris de cette nouvelle, il se hâta d'envoyer des troupes qui préservèrent le collége de Clermont du coup de main que l'on tentait.

Mais il ne sut pas les garantir des autres piéges.

On avait arrêté ce même soir toute la famille de Jean Châtel, qui n'avait pas eu le moindre soupçon du crime, plusieurs religieux de différents ordres et quelques ligueurs signalés.

Après que le parricide se fut confessé au lieutenant-criminel, qu'il prenait pour un prêtre, on le transféra du Fort-l'Évêque aux cachots du Palais. Louis Masure parut mécontent d'apprendre de Lugoly, qui avait rempli de son mieux ses fonctions perfides, que le jeune criminel ne chargeait en rien au monde les Pères Jésuites; qu'il avait cessé depuis quelque temps déjà de les fréquenter; qu'à la vérité il avait dernièrement consulté le Père Guéret, autrefois son régent en philosophie, sur un cas de conscience, mais un cas étranger à son projet.

La nuit porte conseil; et le lendemain matin, 28 décembre, Louis Masure avait avisé. Il fit arrêter le Père Guéret, que l'on amena avec toutes sortes de façons brutales à la Conciergerie, tandis que Messieurs du Parlement commençaient, dans leur zèle, la procédure contre l'assassin.

On allait vite alors. Le jeune fanatique fut interrogé, puis appliqué à la question ordinaire, puis torturé par la question extraordinaire ; il confessa seulement qu'ayant des habitudes criminelles, il avait voulu les expier en tuant un mauvais roi, selon qu'il l'avait entendu enseigner autrefois, c'est-à-dire au temps des tumultes de la Ligue, dont on était sorti depuis un an à peine. Il ne dit rien qu'on pût interpréter contre les Jésuites, avec qui il n'avait plus de relations. On lui demanda si, dans son cours de philosophie au collége de Clermont, les Pères n'avaient pas professé devant lui la doctrine du régicide ; il répondit formellement que non. Il déclara qu'il avait agi d'après une conviction tellement enracinée en lui, que si le coup était à refaire, il le ferait derechef.

Il était facile de reconnaître que c'était un de ces sombres maniaques, comme Pierre Barrière, sorte de monstres qui se produisent dans les temps de désorganisation sociale. Mais ce résultat ne satisfaisait pas aux espérances des ennemis des Jésuites. On remit Jean Châtel dans son cachot, et on amena le Père Guéret pour la torture. C'était un homme d'étude, humble et doux, qui la veille aussi ne soupçonnait guère que le jour des Saints-Innocents, dont ses élèves chéris préparaient, comme tous les enfants de la ville, les joyeux amusements, serait pour lui un jour de supplice. Lorsqu'on lui présenta le chevalet sur lequel il devait subir la question, son cœur se serra ; il pâlit ; puis, levant les yeux au ciel, il fit cette prière :

« Seigneur Jésus-Christ, Fils du Dieu vivant,
» qui pour moi avez souffert, ayez pitié de moi,
» et faites que je supporte avec patience ce tour-
» ment qui m'est préparé. Je l'ai mérité et de
» plus grands encore ; cependant, Seigneur, vous
» savez que je suis pur et innocent du péché
» qu'on m'impute [1]. »

Alors étant tiré, dit l'Estoile, il se montra fort constant, ne jeta aucun soupir ni plainte de douleur ; seulement il répéta sa prière ; mais il ne confessa rien. Comme on vit que la torture n'était qu'une inutile barbarie, quelques-uns de

[1] Jesu Christe, Fili Dei vivi, qui passus es pro me, miserere mei, et fac ut sufferam patienter tormentum hoc quod mihi præparatum est, quod merui et majus adhuc ; attamen tu scis, Domine, quod mundus sum et innocens ab hoc peccato. (Journal de l'Estoile.)

Messieurs, moins acharnés à la ruine de la Société, obtinrent que l'on y mît de la modération [1]; le père Guéret fut remporté à la Conciergerie, où on le pansa, car il était fort maltraité.

Les conseillers, mécontents de n'avoir rien obtenu, se regardaient inquiets.

—Nous serons bafoués à bon escient, dit un rapporteur huguenot, si nous ne venons pourtant à bout de ces Pères. Ils sont séditieux. Il n'est pas possible qu'ils n'aient point en leurs papiers quelqu'un des écrits que les édits ont défendus. Il faut ordonner une visite; car c'est ici l'occasion de faire justice.

— D'ailleurs, ajouta un vieux procureur, qui s'était distingué par ses quolibets durant la Ligue, l'assassin s'appelle Jean Châtel; le prévenu que nous venons de questionner, Jean Guéret; le bibliothécaire du collége de Clermont, Jean Guinard; et ce qui prouve que ces trois hommes sont de concert, c'est que le crime s'est commis hier, qui était jour de Saint-Jean...

On décréta donc sur-le-champ une visite à la

---

[1] Chiverny, *Mémoires d'Estat.* Histoire de Scipion Dupleix, règne de Henri IV.

bibliothèque des Jésuites. Louis Masure, leur ennemi ardent, fut chargé encore de cette mission ; il se fit accompagner de gens dont il était sûr, et dit aux conseillers : « Allez dîner, Messieurs, et tenez pour certain que je saurai, — de façon ou d'autre, — vous découvrir une pièce. »

Les élèves du collège de Clermont sortaient du réfectoire ; les Pères Jésuites, n'ayant pas jugé à propos d'attrister leurs élèves en leur apprenant l'outrage qui était fait à l'un d'eux, laissaient donc ces enfants prendre leur fête, comme on disait alors. Ce fut à travers ce contraste de la désolation étouffée des maîtres et de l'allégresse des écoliers, que les délégués du parlement arrivèrent.

Ils se firent conduire aussitôt à la bibliothèque, et demandèrent le père Guinard, estropiant son nom pour l'accabler déjà d'un peu de trivialité ; et cette falsification, introduite dans le procès, s'est maintenue dans les récits historiques, où ce bon Père est constamment appelé Jean Guignard.

Le père Guinard se hâta d'arriver ; il trouva les délégués déjà occupés à bouleverser les papiers et les livres, peut-être à supposer, ainsi que quelques-uns l'ont cru formellement (c'est la remarque du chancelier Chiverny), quelque pièce d'embûche contre les Pères.

— Nous venons, dit brusquement Louis Masure, examiner vos papiers. Vous êtes des séditieux. Vous avez des pamphlets.

— Je ne le pense pas, dit avec douceur le vieux bibliothécaire; depuis la paix, nous avons fait une revue sévère; et tout ce qui sentait les troubles a été détruit.

— Vous êtes des rebelles, des ennemis de Sa Majesté.

— J'ignore, messire, d'où peut vous venir une pensée si injurieuse pour nous. Depuis la rentrée de Sa Majesté dans le sein de l'Église, vous vous assurerez facilement que nous prions tous les jours pour le Roi. Quant à moi personnellement, messire, je n'ai jamais manqué de faire mention de Sa Majesté au *Memento* de la sainte messe.

— Et si je vous prouve que, contre les ordonnances qui ont défendu de conserver les pamphlets, vous en avez un ici?

— Ce sera à notre insu, et nous sommes prêts à le détruire. Si vous voulez pourtant qu'il y ait délit, nous sommes couverts par l'amnistie que Sa Majesté a accordée.

— C'est ce que nous verrons. Reconnaissez-vous ceci ?

En même temps, Masure tira d'un gros volume trois ou quatre feuillets écrits à la main.

— Oh ! vous parlez de ces copies, répondit le Père, je pensais qu'il s'agissait d'un imprimé. Je ne les connais point. Il se peut que ces notes aient été mises là pour être réfutées, si elles viennent d'une main étrangère.

— Ces notes sont de votre écriture, dit effrontément le délégué.

Guinard protesta ; car il ne reconnaissait pas ces papiers. Mais réfléchissant aussitôt que ces notes imprudentes pouvaient avoir été copiées par quelqu'un de ses frères, et craignant de compromettre plus de gens encore, il garda le silence quand Louis Masure lui soutint derechef que ces papiers séditieux étaient de sa main.

Le délégué ne voulait rien de plus. Il signifia au père Guinard l'ordre de le suivre ; et il l'enferma dans un cachot. Après quoi il s'en alla prendre en sa maison quelque nourriture. Il rejoignit à deux heures sa chambre, et remit aux conseillers les écritures qu'il avait saisies; elles furent placées sous le scellé.

— Nous tenons quelque chose, dit-il; mais nous n'aurons raison que si nous sommes adroits. Le Roi nous gêne dans la poursuite des Pères; il n'y donnera pas les mains, sur le peu de pièces que nous avons. Mon avis est, s'il vous plaît, que nous nous contentions d'expédier demain le petit scélérat, et que nous laissions les deux Pères qui sont en cage se refaire un peu. Le Roi part dans trois jours pour la Bourgogne, allant au-devant de l'armée espagnole; en son absence nous serons maîtres sans contrôle. Qu'il soit donc commandé à Pierre Lugoly de faire pour demain les apprêts du supplice de Jean Châtel ; et nous qui, ce jourd'hui, avons assez travaillé, allons aussi en nos logis fêter les Saints-Innocents.

Le conseil de Louis Masure fut trouvé bon ; et le lendemain, 29 décembre, la sentence de Jean Châtel ayant été prononcée à neuf heures du matin, fut exécutée aussitôt. Dans les atroces douleurs de son supplice, le jeune fanatique se montra impassible. Après qu'on lui eut coupé le poing dans lequel on avait placé le couteau qui avait frappé Henri IV, on le tenailla; puis il fut tiré à quatre chevaux; enfin on brûla ses membres déchirés, et on jeta ses cendres au vent.

Cette exécution se fit sous les ordres de Lugoly. Scipion Dupleix, ne voulant plus revoir cet homme, s'en alla le même jour de Paris, prévoyant les iniquités qui se tramaient contre les Jésuites.

Le Roi étant reparti au commencement de janvier, on se hâta de juger le Père Guinard. On produisit les écritures qu'on nommait le Pamphlet. C'étaient diverses grossièretés, dont la plus criminelle était un extrait d'un placard affiché en 1591 dans les rues de Paris, lequel contenait que « Ni Henri III, ni Henri IV, ni l'électeur
» de Saxe, ni la reine Elisabeth, n'étaient de
» véritables rois; que Jacques Clément avait fait
» un acte héroïque en tuant Henri III; que s'il
» était possible de guerroyer le Béarnais on le
» guerroyât, et que si on ne pouvait le guerroyer,
» on le tuât. »

On fit au Père Guinard, de la possession de

ces lignes, un crime capital, sur lequel on ne lui permit pas de se défendre; et le 7 janvier, Messieurs rendirent un arrêt qui « déclare ledit
» Père atteint et convaincu du crime de lèse-
» majesté, et pour la réparation d'icelui le con-
» damne à faire amende honorable en chemise,
» la corde au cou, devant la principale porte de
» l'église de Paris, tenant en sa main une torche
» ardente du poids de deux livres; de là être
» conduit en place de Grève, pour y être pendu,
» et son corps réduit en cendres. »

Cet arrêt fut exécuté une heure après.

Lorsqu'on lut au pauvre Père la formule de l'amende honorable, où il était dit qu'il demandait pardon à Dieu, au Roi et à la justice, il répondit qu'il demandait pardon à Dieu, mais que pour le Roi il ne l'avait point offensé; qu'il priait pour lui, suppliant le Seigneur de l'éclairer de ses lumières. Étant venu au lieu du supplice, il protesta de son innocence, et néanmoins il exhorta le peuple à l'obéissance au Roi et à la révérence envers les magistrats. Il pria encore tout haut pour Sa Majesté; puis il engagea le peuple à n'ajouter pas foi légèrement aux faux rapports que l'on faisait courir sur les Jésuites, assurant qu'ils n'étaient point assassins des rois, ni fauteurs de ces doctrines détestables, et que jamais ils n'avaient approuvé le meurtre d'un roi.

Après ces paroles il souffrit, en pardonnant, l'ignominie de son supplice. Dulaure, qui est pour les Jésuites un ennemi *quand même*, reconnait pourtant ici que, dans la condamnation du Père Guinard, le Parlement a été *jusqu'à l'iniquité*. Dans la *Biographie universelle* de Michaud, M. Lécuy s'indigne de ce que le Père Jouvency, historien de la Société de Jésus, a donné à Guinard l'épithète de martyr. Mais qu'était-il donc?

Or, le lendemain du martyre de Guinard, on exila à perpétuité le Père Guéret, qui se retira en Angleterre, où il mourut bientôt des suites de la question. On improvisa ensuite un édit, par lequel on bannissait tous les Jésuites; on chargea Pierre Lugoly de leur faire quitter Paris, — ce jour même.

Pendant qu'il s'en allaient de la sorte, à pied, sans ressource et sans asile, le président de Thou remarqua qu'on avait agi un peu vite; car on avait condamné les parties sans les entendre [1]. Mais Louis Masure répondit, comme Pilate : — Ce qui est écrit est écrit.

Puis on bannit aussi tous les écoliers du collége de Clermont; on chassa de Paris toute la famille de Jean Châtel, après avoir fait payer à son père innocent une amende de deux mille écus. On livra sa maison au pillage, puis on la rasa ; et sur la place on éleva une petite pyramide, connue sous le nom de Pyramide de Jean Châtel, dont on chargea les quatre faces des plus injurieux mensonges contre les Jésuites.

Le lieu qu'occupait cette pyramide, honteuse lâcheté d'un corps de juges, était sur la rue de la Barillerie ; il est perdu maintenant dans la place du Palais-de-Justice.

Le roi, qui s'occupait des affaires de la France, apprit dans son camp ce qui se passait en son absence et reconnut qu'il n'était pas maître encore dans son royaume. Il lui fallut user de ménagements.

Il dut, vis-à-vis des cours étrangères, se disculper d'un acte auquel il était étranger. Ce ne

[1] Non servato juris ordine, neque partibus auditis.

fut que dix ans après qu'il put rappeler les Jésuites et réparer l'iniquité des chefs de sa justice. Alors encore, le parlement eut le front de faire à ce sujet des remontrances. Henri IV ferma la bouche aux remontreurs par ce mot peu agréable : « Vous faites les entendus en matière d'E-
» tat ; et vous n'y entendez non plus que moi à
» rapporter un procès. »

La pyramide fut renversée en cette même année 1605, et solennellement détruite. Scipion Dupleix, qui devint plus tard historiographe de France, remarque même que plusieurs de Messieurs du parlement *faillirent en forcener de rage*. Mais les ennemis des Jésuites avaient fait graver ce *monument*, malgré son insignifiante et stupide brutalité. Il y a encore de sots ouvrages où on la retrouve.

Telle est l'histoire exacte, impartiale et scrupuleuse, de l'une des plus tristes taches qui aient souillé l'ancien parlement, dont l'histoire reste à faire.

LES DEUX COUSINS

Chronique des rues de Gand

> Pourquoi les cousins ont-ils donné leur nom à un insecte incommode ?
> GAFFAREL, *Questions.*

Il y avait à Gand en 1339, dans la rue qui va de la rue de la Cave à la rue du Mortier, près du quai aux Vaches, deux marchands qui étaient cousins germains ; l'un, qui demeurait au haut bout de la rue, à l'enseigne de l'Epi-de-Blé, était marchand grainetier en gros et en détail et se nommait Jacobs Paes. Joseph Paes, l'autre, car ils étaient cousins du côté paternel, habitait le bas bout de la rue, à l'enseigne du Pavot, et vendait de l'huile.

Ces deux hommes ne s'aimaient pas, comme il n'arrive, hélas ! que trop souvent entre cousins. Ils se portaient mutuellement envie ; les succès de l'un empêchaient l'autre de dormir, et justement peut-être parce qu'ils étaient cousins, partis à peu près du même point, chacun de ces deux ambitieux marchands eût voulu être le plus riche. Etaient-ils honnêtes tous les deux ? C'est ce que fera juger, de l'un du moins, l'aventure que nous allons rapporter.

Par une sorte de respect humain, ils avaient l'habitude de se fournir l'un chez l'autre des choses qui faisaient l'objet de leur commerce. Ainsi Jacobs achetait son huile chez le cousin Joseph, et Joseph ne prenait pas ailleurs que chez le cousin Jacobs les graines dont il avait besoin dans son ménage, l'avoine de son cheval et le millet de ses petits oiseaux.

Joseph était doux et actif; Jacobs était actif et hardi.

Ces préliminaires posés, il advint qu'un jour Jacobs Paes alla acheter chez son cousin douze livres d'huile à brûler. Lorsqu'il eut sa mesure, par suite de la vanité qu'on aime à étaler entre parents, Jacobs, voulant payer, jeta sur le comptoir un mouton d'or en demandant à Joseph de lui rendre ce qui lui revenait.

Le marchand d'huile ouvrit son tiroir; et, n'y

trouvant pas assez de monnaie pour changer le mouton d'or, il se mit en devoir d'entamer un sac placé sur son comptoir et dans lequel étaient comptés en diverses monnaies trois cents florins. Puis, se ravisant, il referma le sac sans y rien prendre, renoua la ficelle, et alla dans le cabaret voisin changer le mouton d'or que lui avait donné Jacobs.

Pendant la courte absence de Joseph, Jacobs, qui apparemment avait encore d'autres défauts que l'envie, se laissa tenter par le sac laissé sous ses yeux et le mit dans son pourpoint..

Comme il venait à tout instant de nouveaux acheteurs dans la boutique, il pensa qu'on le soupçonnerait moins qu'un autre. S'il fit d'autres réflexions, elles passèrent avec la rapidité de l'éclair. Le crime était consommé lorsque Joseph rentra; il rendit la monnaie du mouton d'or, remercia son cousin, en se recommandant selon l'habitude, et se mit à servir d'autres pratiques qui entraient.

Mais le voleur n'avait pas fait cinquante pas, que Joseph songea à son sac; il jeta les yeux sur le comptoir, et, par une sorte d'instinct qui se produit quelquefois entre gens qui se connaissent, contre les prévisions de Jacobs, il ne soupçonna pas autre que lui, laissa de nouveau sa boutique, où rien de précieux alors ne restait exposé, et, courant après son cousin, il l'atteignit devant sa porte.

— Vous avez fait erreur, dit-il en prenant mon sac de trois cents florins.

— De quel sac parlez-vous ? répliqua Jacobs sans se troubler.

En même temps il cherchait à rentrer chez lui. Joseph l'en empêcha et s'expliqua plus vivement que de coutume. On n'aime pas à être volé. Les voisins s'attroupèrent ; et, la querelle s'échauffant, on conduisit les deux cousins chez le doyen du quartier.

La ville de Gand était alors très populeuse ; pour y faciliter l'administration d'une bonne police et s'accommoder aux idées démocratiques qui dès lors étaient fort répandues, Jacques d'Artevelde avait divisé Gand en deux cent cinquante voisinages. Les habitants de chaque voisinage choisissaient entre eux, parmi les plus sages vieillards et les plus expérimentés, un doyen du quartier qui arrangeait leurs différends et devant qui on portait toutes les affaires avant de recourir aux juges. Le doyen du quartier ou voisinage était Claes-Dierickx, vieillard habile et plein de ressources. Il était dix heures du matin; et le bonhomme venait de finir son dîner, quand les deux cousins parurent devant lui.

L'affaire lui fut exposée.

— Il est triste, dit-il, que deux cousins se défient l'un de l'autre. Mais enfin la première chose à faire c'est de fouiller celui qu'on accuse; car il doit avoir encore le sac sur lui, puisque depuis le vol il n'est entré nulle part.

— Och! God! s'écria intrépidement Jacobs en tirant lui-même le sac de son pourpoint, j'ai bien un sac; mais il est à moi.

— Et combien contient votre sac? demanda le doyen en s'adressant à Joseph.

— Trois cents florins.

— Et le vôtre, Jacobs?

— Trois cents florins.

— Cette coïncidence est singulière; mais elle n'est pas impossible. Vous ne pouvez pas soupçonner autre que votre cousin?

— Personne, répondit Joseph ; lui seul est resté un instant sans témoins dans la boutique.

— Puisqu'il n'y a pas de témoins, reprit le doyen, la chose est difficile et grave. Je vous rappelle que les peines sont rudes, pour le voleur comme pour le calomniateur ; que nous avons à Gand de durs cachots et de bonnes potences à nos justices. Vous allez faire serment l'un et l'autre, devant Dieu notre Seigneur, de ne dire que la vérité.

On apporta un crucifix, sur lequel les deux cousins à genoux étendirent les mains ; ils jurèrent l'un après l'autre, avec un front également calme, de dire la vérité sans réserve. Le bon doyen se trouva embarrassé de la fermeté de ces deux hommes : il commença à croire que Joseph pouvait se tromper ; néanmoins, sa vieille expérience l'empêchant de juger trop vite, il procéda à un interrogatoire régulier.

— Expliquez-moi, dit-il à l'accusateur, la cause de ces trois cents florins que vous aviez là dans un sac sur votre comptoir.

— Je les avais là, répondit Joseph, pour payer pareille somme à mynheer Liévin Soyers, de la place Saint-Jean, en acquit d'une forte partie de graine de lin qu'il m'a fournie; et c'est parce que je dois solder aujourd'hui même à midi, que je n'ai pas voulu entamer cette somme bien comptée et que je suis allé changer la pièce d'or au cabaret du Ruwaert.

— Et vous, dit Claes-Dierickx après un moment de silence, vous, Jacobs, d'où viennent ces trois cents florins que par rencontre extraordinaire vous portez sur vous ce matin, et qui sont comme ceux de Joseph en toutes monnaies ?

— Cette somme me vient, répondit le voleur, de l'orge et des graines que j'ai vendues ce matin à divers grainetiers de la ville et du dehors, sur le marché au Vendredi. Le doyen réfléchit un peu; puis il dit, s'adressant toujours à Jacobs :

— Avez-vous bien, chez vous, en votre boutique, trois cents autres florins, en menues monnaies, comme la somme qui est dans ce sac ?

Jacobs Paes ayant répondu que oui : — Laissez donc là pour le moment le sac en litige, reprit le vieillard; allez à votre maison avec deux témoins et rapportez-nous ce second sac de trois cents florins; après quoi nous jugerons.

Jacobs, ne se rendant pas compte de ce que pouvait aviser le doyen, fort rassuré par la bonne contenance qu'il avait faite, alla avec deux témoins dans sa boutique, ramassa trois cents florins en petites pièces, et les apporta dans un sac.

Pendant son absence, Claes-Dierickx avait ordonné à sa servante de faire bouillir de l'eau dans deux marmites à la fois. Personne des assistants ne se doutait de ce qui allait avoir lieu. Le doyen mit l'argent du sac réclamé, dans une marmite, et dans l'autre à part l'argent du second sac; puis il remua patiemment les espèces des deux côtés avec un bâton.

Quoique les assistants commençassent à dire que le vieillard avait recours à la magie et que la vérité allait nécessairement se découvrir, Jacobs Paes persévéra dans son assurance et ne se troubla pas encore.

Lorsque l'eau fut refroidie, le doyen en examina attentivement la surface et la fit examiner par tous les témoins. L'eau de la marmite qui contenait le sac apporté en dernier lieu par le grainetier et tiré de son propre comptoir était couverte de petites pailles, de poussière légère et de matières farineuses.

— Voilà bien une somme d'argent qui vient des grainetiers, dit le doyen : mais voyez comme l'eau du sac disputé n'est chargée que de ces matières grasses et huileuses qui trahissent le comptoir d'un marchand d'huile et d'épiceries !...

Le vol fut ainsi reconnu, grâce à l'ingénieux procédé du doyen; Jacobs enfin balbutia; on l'envoya devant les juges, où sa condamnation fut prononcée.

Malheureusement, les notes incomplètes qui nous ont conservé les noms et quelques circonstances de cette anecdote ne nous apprennent pas quelle fut la peine du voleur. Nous ignorons s'il fut passé par les baguettes, condamné à faire un vitrail, banni ou pendu. Les récits populaires du fait, conservés depuis des siècles chez les anciens du quartier, établissent qu'il fut pendu par son cou. On ne peut ici rien affirmer. Seulement l'opinion générale veut que la rue des Cousins à Gand doive son nom à la célébrité des deux hommes dont nous venons d'écrire l'histoire.

Quant à ceux qui prétendent qu'elle tire ce

nom des insectes détestables dont la peuple le voisinage de l'eau, ils feraient bien de remarquer que ces insectes maudits n'habitent pas plus la rue des Cousins que les rues voisines, et que d'ailleurs ils pourraient donner leur nom à une centaine des rues de Gand.

L'HOMME DE MER

Ne quid nimis.
PHÈDRE.

L'ambition n'est souvent qu'un déplorable résumé de l'orgueil, de l'avarice et de l'envie, trois essences intellectuelles qui s'amalgament facilement ensemble et se soutiennent d'une triple force. Ce qui va suivre est moins une légende qu'un vieux conte populaire. Nous le croyons originaire de la Flandre, où nous l'avons pris. Il s'est répandu aussi en Angleterre, en Hollande, en Allemagne ; de ce dernier pays on l'a transporté en France, et les amateurs l'ont pu lire, un peu altéré, un peu plus vague qu'ici, dans un joli recueil, intitulé, je crois : *Contes gothiques à l'usage des jeunes et des vieux enfants.* Nous l'admettons dans cette série, comme un piquant apologue de l'ambition.

Ostende, avant le dix-septième siècle, n'était qu'un village, un amas de frêles maisonnettes, couvertes de roseaux, habitées par des pêcheurs. C'est seulement depuis le grand siége de 1601 qu'Ostende a commencé à devenir une cité de quelque importance. Mais, bien avant cette époque, vers l'an 1000, la triste plage d'Ostende ne présentait aux regards qu'une mer incertaine et mauvaise, des sables mouvants, des fondrières, et, dans les petits enfoncements où l'on croyait pouvoir s'abriter de la tempête, de misérables cabanes où croupissaient de pauvres gens qui vivaient de la pêche.

> Malgré cette terre sauvage,
> Le désir orgueilleux de dominer autrui,
> La folle ambition, germaient, comme aujourd'hui,
> Dans les cœurs qui battaient sur ce pauvre rivage.
> On nous a dit que nos aïeux
> Avaient plus que nous le cœur sage.

> C'est un mensonge insidieux :
> Nos pères ne valaient pas mieux ;
> Nous ne valons pas davantage

Il y avait donc alors, dans un petit ravin, une sorte de hutte faite de branchages et de débris de voiles, où vivait un jeune homme qui s'appelait Tweck, et qui pêchait tout le long du jour. Il avait épousé Lisbeth, fille d'un pêcheur que la mer avait depuis longtemps dévoré ; car ces pauvres gens lui restent presque tous. Lisbeth était une beauté en guenilles ; mais, en dépit de sa misère de position, elle était grande et fière. Elle avait de l'ambition et de l'orgueil ; elle savait que la terre portait des hommes qui vivaient dans la splendeur. Elle rêvait de l'or, de la puissance et du luxe ; elle enviait ce qu'elle voyait le moins du monde au-dessus d'elle ; son cœur battait du désir de dominer et d'éblouir. Elle avait épousé Tweck, parce qu'il fallait qu'elle épousât quelqu'un ; elle l'aimait, parce qu'il était doux et soumis ; elle restait dans sa hutte et dans son fossé, parce qu'elle n'avait pas moyen d'aller ailleurs. Ce ménage néanmoins était heureux pour Tweck, qui était bon et qui chérissait sa femme.

Un jour qu'il était assis à l'embouchure de la baie sablonneuse qui forme aujourd'hui le port d'Ostende ; comme il veillait attentivement sur sa ligne, pendant une mer très calme, le liége fut tout à coup violemment entraîné au fond de la mer ; et Tweck, tirant doucement son hameçon, vit sortir à fleur d'eau un gros poisson qui avait une crête sur la tête et les nageoires dorées. Sa surprise augmenta quand le poisson amené sur le sable lui dit d'une voix suppliante :

> O bon pêcheur, je vous en prie,
> Laissez-moi vivre à ma façon,
> Je ne suis pas un vrai poisson ;
> Mais, victime de la féerie,
> Je suis un vieux prince enchanté :
> O bon pêcheur, je vous en prie,
> Laissez moi vivre en liberté !

Tweck, qui savait que tout poisson est muet, ne put entendre parler celui-là sans devenir pâle et interdit.

— Oh ! dit-il, je ne veux pas avoir affaire avec un poisson qui parle. Je ne vous mangerai certainement pas. Apprenez-moi seulement, beau poisson, qui vous êtes?

— Je suis le vieux roi Grambrinus, dit l'autre. J'ai encore cinquante ans à rester dans la mer, j'ai régné autrefois sur toutes ces contrées; je suis puni pour avoir donné à mes sujets la bière, dont ils s'enivrent. Si tu me traites bien, bon pêcheur, je serai reconnaissant.

— Nagez donc comme il vous plaira, monseigneur, dit Tweck, et il remit le poisson dans la mer. Le vieux roi, délivré de l'hameçon, disparut aussitôt, laissant derrière lui un petit sillon sanglant.

Le pêcheur, de retour à sa cabane, ne manqua pas de raconter à sa femme comment il avait pris un gros poisson qui lui avait parlé, et comment il l'avait rendu à la mer.

— Et pourquoi ne lui as-tu rien demandé? s'écria Lisbeth, qui n'était pas souvent contente. Si c'est le roi Gambrinus qui a inventé la bière, c'est un poisson qui est très puissant. Nous vivons si misérablement dans ce fossé mal sain! Aie pitié de moi, mon bon Tweck: retourne bien vite, et dis au beau poisson que nous aurions grand besoin d'une petite chaumière.

Tweck ne se souciait guère d'aller demander

sitôt le prix de son bon office. Cependant il n'osa résister à sa femme; il alla donc à la mer; l'eau était belle encore, mais un peu de jaune se mêlait à la teinte verte de la journée; il se pencha :

— Homme de mer, dit-il, viens un moment ici.
Hélas ! bien malgré moi je suis si tard en voie ;
Mais ma femme Lisbeth devant toi me renvoie.

— Parle, dit le poisson, conte-moi ton souci.
Il parut, en nageant sur la plaine liquide.

— Lisbeth se déplait tant dans sa cabane humide,
Qu'au lieu de son fossé nous voudrions, je crois,
Une honnête chaumière avec un petit bois.
Faites, si vous pouvez, monseigneur (C'est l'envie
De ma femme Lisbeth, le tourment de ma vie.

— Va, dit l'homme de mer; car ta femme a raison.
Tu la retrouveras déjà dans sa maison.

Tweck sauta de joie et s'en retourna chez lui à grands pas. Il aperçut bientôt sa femme assise à la porte d'une jolie chaumière.

— Entre, mon ami, dit-elle, et vois si on n'est pas mieux ici que dans le fossé ?

Le pêcheur était ravi. Il y avait dans la maison une salle, deux chambres et une cuisine; une petite basse-cour était peuplée de poulets et de canards; un jardin bien tenu éclatait de fruits et de fleurs; un bois d'un arpent terminait ce domaine modeste.

— Ah! que nous serons heureux! s'écria Tweck.

— Nous tâcherons au moins de l'être, dit Lisbeth; laisse-moi faire.

Tout alla bien en effet pendant quinze jours; et, quoique Lisbeth soupirât de temps en temps, le pêcheur était joyeux : car il avait un bon lit et ne manquait de rien. Mais, le seizième jour, sa femme éclata :

— Mon mari, dit-elle, je n'y peux plus tenir. Ne remarques-tu pas qu'il y a trop peu de chambres dans cette chaumière ? La basse-cour et le jardin sont beaucoup trop petits.

— Ah, ma femme! dit l'heureux Tweck, que peux-tu désirer de plus ?

— Je voudrais demeurer dans un château de pierre, répondit Lisbeth : nous avons mal fait. Va donc de nouveau trouver le poisson, et dis-lui qu'il nous donne un beau château de pierre avec un grand parc, comme les seigneurs en ont.

— Femme, dit le pêcheur, je n'oserai pas

retourner. Je suis sûr que le poisson se mettrait en colère. Nous devons être contents de ce que nous avons.

— Imbécille! s'écria Lisbeth, il donnera très volontiers un château. Qu'est-ce que cela lui fait? Va, si tu ne veux pas que je me désole.

Tweck, le cœur triste, prit le chemin du rivage. La mer était d'un bleu obscur, mais calme encore; il s'en approcha, et dit :

> Homme de mer, c'est moi. Pardon si je t'appelle.
> Mais Lisbeth te demande une faveur nouvelle.
>
> — Que lui faut-il encore? répondit le poisson.
>
> — Elle veut maintenant une grande maison,
> Un château; monseigneur, excusez : c'est l'envie
> De ma femme Lisbeth, le tourment de ma vie.

— Bien, répliqua le poisson, après un moment de silence; qu'elle soit satisfaite.

Effectivement le pêcheur trouva sa femme à la porte d'un vaste manoir.

— N'est-ce pas plus beau que la chaumière? lui dit-elle.

Ils entrèrent joyeusement dans le château, où s'agitaient un grand nombre de serviteurs, dans des chambres richement meublées, avec de frais tapis et des siéges couverts d'or. Devant le château était un beau jardin, et, derrière, un parc de plus de cent arpents, peuplé de brebis, de chèvres, de gibier et de bêtes fauves. Dans la basse-cour il y avait des écuries et des étables.

— Voilà qui est beau, dit le pêcheur. Maintenant nous vivrons heureux et contents dans ce grand château, le reste de nos jours.

— Je l'espère, dit sa femme.

Mais, au bout d'une semaine, Lisbeth, s'éveillant un matin, poussa son mari du coude, et lui dit :

— Lève-toi et devenons diligents ; quoique nous soyons bien, rien ne nous empêche d'être mieux. Il faut que l'homme de mer nous fasse rois de tout le pays.

— Oh ! ma femme, dit Tweck effrayé, pourquoi souhaiterions-nous d'être rois ? Je ne veux pas l'être moi.

> C'est un métier qui m'importune.
> On est entouré de pervers ;
> On est trompé dans la fortune ;
> On est trahi dans les revers.

Et d'ailleurs, poursuivit-il, comment peux-tu

être reine? Le poisson ne peut pas te faire reine.

— Mon mari, fit Lisbeth, ce que je veux, je le veux : ainsi, n'en dis pas davantage, et va trouver le poisson; car je dois être reine; il y en a d'autres qui le sont.

Tweck se mit en marche, poussant de gros soupirs. La mer était d'un gris sombre et couverte d'écume. Il cria en hésitant :

— O homme de mer! viens-m'écouter; car ma femme Lisbeth, le tourment de ma vie, m'a envoyé pour te demander encore une grâce.

— Eh bien, dit le poisson, que veut-elle donc maintenant?

— Hélas! elle veut être reine.

— Va, dit gravement l'homme de mer; elle l'est déjà.

Le pêcheur s'en retourna; et, comme il approchait du palais, il vit une troupe de soldats rangés en bon ordre; il entendit le son des tambours et des trompettes; il entra et se frotta les yeux en apercevant sa femme assise sur un trône d'or et de diamants, avec une couronne d'or sur le front, et, à chacun de ses côtés six belles filles, plus grandes de la tête l'une que l'autre.

— Ah, ma femme ! s'écria-t-il, est-ce que tu es reine ?

— Oui, je suis reine, dit-elle.

Et, quand il l'eut long-temps regardée, il reprit :

— Ah, ma femme ! quelle belle chose que d'être reine ! Maintenant, nous n'aurons jamais plus rien à désirer.

— Je ne sais pas ce qu'il en sera, dit la dame. Jamais, c'est bien long.

Et huit jours après :

— Je suis reine, dit elle, c'est vrai. Mais je commence à en être ennuyée; je crois que j'aimerais mieux être impératrice.

— Hélas ! reprit le pêcheur, pourquoi cette idée ?

>Reine, déjà tu souffres tant :
>Tu ne dînes pas à tes heures ;
>Tu ne manges que d'une dent ;
>Nous nous perdons dans ces demeures.
>Le soir nous sommes échinés ;
>La foule qui nous environne
>Volontiers nous tirait au nez,
>Si nous n'avions pas la couronne.

— Mon mari, reprit froidement Lisbeth, va trouver le poisson. Je te dis que je meurs, si je ne suis pas impératrice.

— Ah! continua la pauvre homme, le poisson ne peut pas te faire impératrice, et je n'aurai jamais le front de lui adresser une pareille demande.

— Je le veux, dit la reine.

Tweck s'en alla en murmurant:

— Tout cela n'amènera rien de bon; c'est demander trop; le poisson se lassera.

Il arriva bientôt à la mer; l'eau en était noire et bourbeuse; un violent tourbillon l'agitait. Tweck s'avança, et dit tout d'une haleine:

>Homme de mer venez; car c'est encor l'envie
>De ma femme Lisbeth, le tourment de ma vie.

— Que veut-elle de nouveau! dit le poisson en paraissant.

— Pardon! répondit doucement le pêcheur, ce n'est pas ma faute; mais à présent elle veut être impératrice.

>— Va donc, car elle l'est déjà,
>Dit le poisson; puis il plongea.

Tweck, en entrant, vit sa femme assise sur

un grand trône d'or massif, avec une couronne de deux pieds sur la tête. A chacun de ses côtés un rang de soldats et un rang de serviteurs étaient placés en degrés, depuis le plus haut géant jusqu'au nain pas plus grand que le coude. Devant elle étaient des princes, des ducs, des margraves, des barons et des comtes. Le pêcheur s'avança, et levant la tête :

— Femme, s'écria-t-il, es-tu donc impératrice ?

— Oui, dit-elle, je suis impératrice.

— Ah ! tu avais raison, poursuivit le bonhomme. C'est une grande chose que d'être impératrice.

Mais, au bout de quatre jours, Lisbeth, fronçant le sourcil, se prit à dire :

— Pourquoi nous en tiendrions-nous là ? S'il te suffit d'être empereur, tu peux t'en contenter ; quant à moi, j'ai besoin de monter encore plus haut : et à présent je veux être souveraine de toute la terre.

Le pêcheur sentit ses bras tomber de surprise.

— Oh ! femme, femme ! s'écria-t-il, ou je n'ai pas entendu, ou tu as perdu le sens.

— Je n'ai pas perdu le sens, dit-elle, et tu as entendu. Je te répète que désormais je veux être souveraine de toute la terre.

— Tu veux être souveraine de toute la terre !.. Mais comment peux-tu être souveraine de toute la terre ? C'est impossible !

— Mon mari, répliqua sèchement la femme, je veux l'être aujourd'hui même.

— Mais, dit encore le pêcheur avec un long gémissement, le poisson ne peut pas te faire souveraine de toute la terre...

— Hé quoi ! s'écria la dame, s'il a pu me faire impératrice, il peut bien me faire souveraine de toute la terre. Va, ajouta-t-elle d'un ton plus doux, je veux qu'au moins tu essaies.

Lorsque Tweck arriva au bord de la mer, les vents étaient furieux, l'Océan s'agitait, comme si ses ondes eussent été de l'huile bouillante ; les vaisseaux, entourés de périls, bondissaient sur les vagues et craquaient avec un bruit lugubre. Un seul point bleu restait au milieu du ciel ; mais vers l'occident les plaines de l'air étaient rouges comme à l'instant où s'élèvent les tempêtes furieuses. Tweck s'effraya tellement, que tous ses os se mirent à trembler; ses genoux s'entre-choquaient. Ne pouvant pourtant s'en aller sans avoir rempli la mission de sa femme, à laquelle il n'eût osé mentir, il s'approcha du bord, et dit à voix basse :

— O homme de mer, c'est encore une demande que je viens vous exposer. Ma femme m'envoie...

— Que veut-elle? dit le poisson d'une voix mécontente.

— Elle n'a pas assez de dignités. Elle veut être souveraine de toute la terre ..

> — Va donc, car elle est l'est déjà,
> Dit le poisson. Puis il plongea.

Tweck, qui était tombé à genoux, se releva muet de surprise.

— C'est plus commode que je ne croyais, dit-il. Ce vieux roi ne refuse rien ; j'étais un sot d'avoir peur. Au fait, ma femme n'avait pas tort, poursuivit-il en entrant.

Il vit Lisbeth assise sur un trône qui avait trois cents pieds de haut; une couronne de trente coudées ornait sa tête; entourée d'une pompe inouïe, elle tenait à la main un sceptre de trente aunes. De chaque côté de son trône on voyait les ambassadeurs de toutes les cours du monde: des Lapons et des Bédouins, des hommes noirs et jaunes, des Peaux-Blanches et des Peaux-Rouges.

— Femme, dit-il en admiration, es-tu donc souveraine de toute la terre?

— Oui, répondit-elle, je le suis.

— Ah! c'est une prodigieuse chose, continua-t-il; et tu devrais t'arrêter là, car tu ne peux être rien de plus.

— J'y songerai, dit-elle.

Et le lendemain, comme le soleil l'éveillait:

— Ah! pensa-t-elle en le regardant par la fenêtre, ne puis-je pas empêcher le soleil de se lever ainsi? Elle se mit en colère; et sur-le-champ, secouant son mari : — Va trouver le poisson, s'écria-t-elle, et dis-lui que je veux encore être maîtresse du soleil et de la lune, qui dorénavant ne se lèveront qu'à mon gré.

Le pauvre homme était à moitié endormi. Cette idée le confondit tellement, qu'il sauta de peur et tomba du lit.

— Hélas! dit-il, les grandeurs te rendent folle.

— Non, répondit Lisbeth, je suis très malheureuse, je ne puis supporter de voir le soleil et la lune se lever sans ma permission Va promptement trouver l'homme de mer.

Tweck s'habilla, réfléchissant qu'en effet le poisson ne lui avait jamais rien refusé, et que sa peur était mal fondée. Il se rendit au rivage. Mais à mesure qu'il s'en approchait, l'effroi revenait dans son cœur et il se prenait à trembler ; car un orage affreux, qui secouait les arbres et les rochers, s'était élevé tout à coup; le ciel était devenu noir, les éclairs brillaient, le tonnerre grondait d'une voix formidable ; la mer était couverte de vagues sombres, pareilles à des montagnes et couronnées d'écume blanche. Malgré le mugissement des flots, le pêcheur s'écria :

— Homme de mer, venez, monseigneur. C'est l'envie
De ma femme Lisbeth, le tourment de ma vie.

Quoiqu'il n'eût pas lui même entendu ses propres paroles, le poisson vint.

— Une demande encore de ta femme ! dit-il d'une voix altérée qui passa comme un souffle.

— Hélas ! répondit Tweck, j'espère qu'enfin

elle est au bout de ses désirs : ... elle veut être maîtresse du soleil et de la lune....

Alors le poisson soupira ; — puis il répondit en tournant le dos :

> — Vos désirs ont tout dépassé....
> Retournez dans votre fossé....

Et c'est dans ce fossé d'où ils étaient sortis que, depuis ce moment, ils ont achevé le long cours de leur triste vie ; — Tweck résigné ; mais Lisbeth songeant toujours à ses grandeurs, se rappelant qu'elle avait été reine, impératrice, souveraine de toute la terre; posant encore, et disant sous ses haillons, à qui voulait l'entendre, qu'il n'avait tenu à rien qu'elle ne fût Dieu....

> Bonnes gens, que ce conte bleu
> Vous soit leçon et vous profite!
> Sachez vous contenter de peu
> Et mesurez votre mérite.
> Lorsqu'ASSEZ vous ouvre les bras,
> Que TROP ne soit pas votre idole :
> C'est en cherchant ce qu'on n'a pas
> Que ce qu'on a souvent s'envole.

La Luxure conduisit Olivier Ledaim au gibet.

LA LUXURE

LÉGENDE DE TANCHELM L'HÉRÉTIQUE

> Dans une voie aussi large
> Tout est profit pour Satan.
> MONCRIF.

Par une belle soirée de printemps, un jeune Anversois s'en revenait de la pêche, tenant à la main un petit bouquet qu'il semblait craindre de flétrir, tant il le portait avec délicatesse : c'était une touffe de ces jolies plantes qui croissent au bord des ruisseaux, et qui élèvent, au-dessus de leurs tiges sveltes, de petites gerbes de fleurs bleu de ciel, dont les lobes arrondis semblent un feston d'azur autour d'une auréole d'or ; dans le Brabant et dans la Flandre on désigne généralement cet épi de fleurettes sous le nom d'*yeux de la sainte Vierge ;* les Hollandais et les Allemands l'appellent *ne m'oubliez pas.* L'Anversois, qui se nommait Pierre Vanderheyden, gagnait à grands pas la rue des Crabes. Là était située la maison de Jean Meleyn, riche marchand cordier, dont la fille Pharaïlde lui était promise et fiancée. Il heurta à la porte, qu'il fut surpris de trouver close comme un jour de grande fête; il ne restait dans la maison qu'un vieux domestiques, qui vint ouvrir.

— Êtes-vous donc seul, Lambert ? dit le jeune pêcheur. Où sont maître Meleyn et Pharaïlde ?

— Hélas ! Pierre, répondit en soupirant le vieillard, pouvez-vous le demander, où ils sont? La ville se perd de nouveau. Que diraient saint Amand, le bon saint Éloi, le digne saint Willibrord, si Dieu permettait qu'il revinssent parmi nous ? Que la bonne sainte Dympne et la généreuse sainte Walburge nous veuillent protéger !

— Mais enfin, où sont-ils, mon pauvre Lambert ?

— Vous ne comprenez pas, Pierre ? Ils sont allés au prêche de l'hérétique.

— Tanchelm serait-il revenu dans Anvers ?

— Pour notre malheur.

— Et on permet encore qu'il corrompe le peuple ?

— Tout le monde y court. Dieu certainement nous abandonne.

— Prêche-t-il au champ des Flamands?

— Non. Il s'est établi au Werf, parmi les matelots. Ils sont là, devant l'église même de Sainte-Walburge.

— J'y cours, dit Vanderheyden.

Mais le vieillard le retint, avec une espèce d'horreur.

— Iriez-vous aussi blasphémer ? dit-il.

— Je n'y vais pas pour l'imposteur, répondit froidement Pierre ; mais j'espère que je ramènerai Pharaïlde.

— Alors, que Dieu soit avec vous !

Et le vieux Lambert, ayant fait le signe de la croix, se renferma tristement dans la maison de son maître, pendant que le jeune homme courait au bord du fleuve.

Tout l'ancien chantier, qui s'avançait comme une langue de terre dans l'Escaut, et qui, aujourd'hui qu'il est resserré dans un très petit espace, s'appelle pourtant encore le Werf[1], tous les larges quais en talus, toute la place qui entourait l'église aujourd'hui détruite de Sainte-Walburge, le premier temple chrétien bâti à Anvers, toutes les rues environnantes, étaient encombrés d'une foule si épaisse, qu'il était presque impossible de la pénétrer. Le fleuve était couvert de plusieurs centaines de barques, pleines de matelots et de pêcheurs, qui arrivaient de toutes parts et s'avançaient le plus près possible d'un vaste échafaud, peint en blanc et orné de banderoles, lequel s'élevait à la pointe du Werf, appuyé à la fois sur la rive et sur l'Escaut. Au milieu de cette estrade, un personnage pompeusement vêtu parlait avec véhémence et prodiguait les gestes les plus bizarres. C'était Tanchelm l'hérétique, dont le nom estropié dans certaines chroniques se trouve écrit quelquefois Tanchelinus au lieu de Tanchelmus ; si bien

[1] Chantier.

qu'on l'a souvent appelé Tanchelin. Le plus profond silence régnait autour de lui.

Ce ne fut qu'après de longs efforts que Pierre Vanderheyden parvint à la place Sainte-Walburge, où il aperçut Jean Meleyn et sa fille assis devant l'église et prêtant l'oreille aux discours de Tanchelm. Quoique Pierre n'eût que vingt-neuf ans, et que déjà depuis dix-neuf années l'hérésie de Tanchelm eût fait d'immenses progrès dans Anvers, où le clergé n'était pas assez nombreux pour la combattre, Pierre avait eu le bonheur de rester pur. C'était un jeune homme doux et silencieux, qui suivait dans la simplicité de son cœur la religion de sa mère, et qui, après Dieu et Notre-Dame, n'aimait au monde que Pharaïlde. Devenu assez riche pour prétendre à sa main, il ne comprenait le bonheur que dans cette union ; et tous les soirs il trouvait sa journée bonne s'il avait vu l'objet de ses pensées.

Une bande d'hommes armés, qu'il ne pouvait désunir, le séparait de Pharaïlde. Il la salua de loin, le cœur peiné de l'espèce d'attention qu'elle semblait donner aux harangues du corrupteur. Il voulut lui jeter son bouquet. Mais un des gardes le lui prit des mains ; et, le menaçant de son épée nue pour lui imposer silence, il lui dit à voix basse : — Il n'y a de culte ici que celui du maître. — En même temps il lança le petit paquet de fleurs sur l'estrade où s'agitait Tanchelm, entouré de bouquets et de couronnes.

Ce Tanchelm, que l'éclat et la puissance environnaient, était un simple laïque, né à Anvers, avec de l'audace et de mauvais penchants. Sa pauvreté ne lui permettant pas de les satisfaire, il avait résolu de profiter de l'ignorance du peuple ; et, pendant que les hommes religieux et les hommes braves, qui pouvaient lui faire obstacle, étaient partis pour la Terre-Sainte, il s'était fait chef de secte : il eut aussitôt des compagnons qui devinrent ses appuis. Il possédait le talent de la parole et une certaine éloquence, rude et animée, qui faisait impression sur la multitude.

Il commença en 1105 ses prédications contre ce qu'il appelait les abus de la Religion Catholique ; ses dogmes relâchés lui firent rapidement de nombreux partisans dans les Flandres, dans les îles de la Zélande, dans la Hollande et le Brabant. Comme tous les novateurs, il ne demandait d'abord que de légères réformes ; bientôt il traita les croyances religieuses de stupides erreurs, les actions méritoires de déceptions, les croisades de folies, les sacrements d'abominations. Il enseigna que les prêtres, les évêques et le Pape n'étaient pas différents des plus simples bourgeois ; il défendit de payer la dîme et de fréquenter les églises. Il s'annonça ensuite comme un prophète envoyé de Dieu pour éclairer le monde.

Il acquit un si grand crédit, qu'on le respecta comme un souverain. Il marcha dès lors avec magnificence, portant le sceptre et la pourpre, coiffé d'une couronne radiale, et entouré de tout le luxe des rois. En vain Godefroid-le-Barbu, comte de Brabant et marquis d'Anvers, avait essayé d'arrêter ses progrès. Tanchelm, lorsqu'il était sur les États de ce prince, ne sortait qu'escorté de trois mille hommes armés ; et quand il allait prêcher le peuple, ses officiers portaient devant lui son étendard déployé ; ses gardes avaient l'épée nue à la main.

Il aimait la débauche et les orgies: il profitait de sa puissance pour s'y livrer impunément. Il était en si haute vénération, que le peuple stupide achetait, comme de saints objets, les rognures de ses ongles, de ses cheveux, de sa barbe, l'eau de ses bains, ses excréments mêmes. Il savait au besoin imaginer d'autres ressources encore, pour subvenir à sa dépense royale.

De 1105 à 1123, Tanchelm avait ainsi vécu, bravant ses ennemis et se faisant gloire de ses crimes. Les mœurs étaient perdues; la religion se mourait à Anvers; les hommes de Dieu, persécutés, pleuraient en secret; les femmes chrétiennes n'osaient quitter leurs retraites, lorsqu'un jour Tanchelm, ayant vu la fille du tribun d'Anvers, en devint épris et la fit demander effrontément à son père. La ville, dès ce temps-là, commençait à être administrée par un corps municipal. Elle avait des échevins, dont le chef, qu'on appela depuis l'écoutète, et qui est aujourd'hui le bourgmestre, se nommait alors le tribun. Le vieux magistrat indigné rassembla son conseil; il réveilla les sentiments de pudeur endormis. Il fit un appel aux hommes de bien, qui sortirent à sa voix, plus nombreux qu'on n'eût osé l'espérer ; et Tanchelm fut obligé de fuir. Il se retira en Italie, déguisé en moine. — Mais, au commencement de l'année 1124, il venait de reparaître dans les Pays-Bas ; et il prêchait à Anvers, aussi puissant, aussi audacieux que jamais.

Toutefois, se trouvant sans argent pour entretenir sa garde nombreuse, il s'était avisé d'un stratagème qu'il mit en avant, le soir même où nous venons de le montrer sur son estrade, peu d'instants après que notre ami Vanderheyden se fût vu enlever son bouquet. L'hérétique venait d'achever sa harangue, à la grande satisfaction du peuple, qui préférait sa morale commode aux préceptes austères des prêtres de Jésus-Christ. Alors ses officiers hissèrent auprès de lui, sur l'échafaudage, une statue peinte de la Sainte Vierge, pendant que ses gardes plaçaient, à droite et à gauche de l'estrade, six vastes troncs, mis à la portée du peuple de terre et des auditeurs des barques. Tanchelm, se levant, s'écria :

— Écoutez tous et voyez. Et vous, Vierge

Marie, poursuivit-il en se tournant vers la statue, je vous prends aujourd'hui pour mon épouse bien-aimée.

Sur ces paroles il baisa la statue au front; il lui posa sur la tête une couronne brillante, semblable à la sienne ; puis il reprit, en s'adressant de nouveau à la foule pressée :

— Je viens de recevoir pour épouse bien-aimée la Vierge Marie; c'est à vous maintenant de pourvoir aux frais de nos saintes fiançailles. Que les hommes mettent leurs offrandes dans les troncs qui sont à droite, et les femmes dans ceux qui sont à gauche. Mon épouse et moi, nous connaîtrons ainsi lequel des deux sexes a le plus d'amour pour moi et pour elle....

Si ces détails vous scandalisent, n'oubliez pas que c'est de la pure histoire.

A peine Tanchelm avait parlé, que chacun s'empressa de porter son argent dans les troncs. C'était à qui ferait voir le plus de zèle. Les femmes détachaient leurs colliers et leurs pendants d'oreilles, pour donner plus que les hommes; et Pierre Vanderheyden vit avec joie sa chère Pharaïlde, entraînée par son père qui vidait sa bourse, ne mettre rien dans le tronc devant lequel elle passa, quoique Jean Meleyn voulût la contraindre à y jeter la bague que lui avait donnée son prétendant.

Mais, durant ce débat, Tanchelm, à qui les pères, comme autrefois, offraient leurs filles, et les maris leurs femmes, quoiqu'il eût plus de cinquante ans, l'impur Tanchelm n'eut pas plus tôt jeté les yeux sur Pharaïlde, que la fraîche et douce figure de la jeune fille, ses beaux cheveux châtains, ses grands yeux bleus, sa bouche semblable à une rose, sa taille élancée, le séduisirent. S'adressant à Jean Meleyn :

— Frère, dit-il…

A ce mot du personnage qu'il appelait le prophète, le marchand de cordes tomba à genoux.

— Frère, reprit l'hérétique, dans une heure, Spierinck et Oudaghen (il désigna en les nommant deux de ses satellites) seront ici, en ce lieu même ; tu leur remettras ta fille ; elle viendra, que je la bénisse.

Jean Meleyn fit un cri de joie, et promit, tout hors de lui, qu'il serait exact. Il saisit le bras de sa fille; il l'entraîna pour la parer, sans lui laisser le temps de dire autre chose à Pierre que ce mot, qu'elle lança d'une voix tremblante :

— Sauvez-moi.

Les bandes des hommes armés séparèrent de nouveau Pharaïlde de son fiancé. Tanchelm se retira, au milieu de ses gardes, précédé de sa bannière; et le pauvre Vauderheyden, après un moment de stupeur inexprimable, ne sachant quel appui trouver parmi les hommes, se mit à genoux, faisant sa prière à sainte Walburge, protectrice d'Anvers; à saint Amand, l'un de ses premiers apôtres; après quoi il regagna, le cœur navré, la rue des Crabes. Il comptait attendrir Jean Meleyn, qui lui avait promis la main de sa fille. Mais il ne put parler qu'au vieux Lambert, qui, les yeux rouges de larmes, arrachait avec douleur ses cheveux gris; car il savait ce qui se préparait.

—Vous ne le souffrirez pas, dit-il à Pierre, dès qu'il le vit; vous allez armer vos amis...

—J'en ai bien peu, dit tristement le jeune homme...

— Eh bien! je vous seconderai, moi. Les heures vont vite; ne perdez pas de vue votre fiancée : et que Dieu me rende pour un moment la force de ma jeunesse !

En disant cela, le vieillard courut près du rempart, au clôitre Saint-Michel, où venait d'arriver, pour essayer de mettre un terme aux iniquités de Tanchelm, le pieux Norbert, évêque de Magdebourg, accompagné de quelques autres saints personnages.

Pendant qu'il allait réclamer leur appui, Jean Meleyn sortit de sa maison, avec sa fille, somptueusement ornée. Pierre se mit à ses genoux pour lui barrer le chemin. Mais le bourgeois emporté levait sur lui son bâton, quand Pharaïlde s'élança entre eux. Elle était pâle et bouleversée. Elle fit voir à Pierre un poignard caché dans ses vêtements.

— Suivez-nous, lui dit-elle vivement; et si vous ne pouvez me sauver, je mourrai, avant d'offenser Dieu et la sainte Vierge.

Pierre alors se releva avec courage. Il suivit la jeune fille et son père, jusqu'à la place de Sainte-Valburge, espérant un peu dans le dévoûment du vieux Lambert, et faisant un appel à tous les pêcheurs qu'il rencontrait. Spierinck et Oudaghen attendaient, le sabre nu à la main. Dès que Jean Meleyn leur eut remis Pharaïlde, ils lui commandèrent, ainsi qu'à la foule, de se retirer. Tout le monde obéit ; le vieux cordier s'en alla en chantant des hymnes de joie. Pierre seul osa suivre, à quelques pas, accompagné de deux matelots, ses camarades, qui s'étaient armés de leurs crocs.

Les deux satellites de Tanchelm prirent la rue de la Prison, puis la rue au Fromage, et se dirigèrent, à travers les ruelles désertes, vers le repaire de leur maître. Pierre commençait à s'effrayer de ne voir venir aucun secours. Il était au milieu de la longue ruelle de la Mouche, suivant Pharaïlde à quelques pas. Tout près de là étaient les habitations des principaux disciples de Tanchelm, dans la rue du Livre, dans la rue des Prédicateurs, et presque à côté le petit palais du chef, à l'endroit qu'on appelle encore aujourd'ui le Coin-Joyeux, en souvenir des orgies qui s'y sont faites. Alors il vit venir, à la rencontre des deux hommes armés, un vieillard en cheveux blancs, vêtu d'un surplis, tenant dans ses mains une petite châsse; deux enfants de chœur portaient des cierges à ses côtés; Lambert marchait derrière, tête nue, élevant un dais en forme de parasol, et agitant une clochette. Le vieillard était l'homme de Dieu que nos pères ont révéré depuis sous le nom de saint Norbert. Il portait une relique de saint Amand.

— A genoux! cria Lambert, dès qu'il ne fut plus qu'à quelques pas des deux spadassins.

Mais il ne ripostèrent que ces mots:

— A bas le prêtre!

Et ils s'élançaient sur le vieillard pour le tuer, quand les deux matelots, émus par la présence de la sainte relique, se ruèrent sur Spierinck et Oudaghen, les frappèrent de leurs crocs, et les laissèrent inanimés.

La nuit était venue. Pierre et Lambert, suivant alors le prélat, emmenèrent Pharaïlde dans une maison de femmes chrétiennes, où elle put en liberté remercier Dieu.

Tanchelm cependant, ne voyant pas arriver la jeune fille, envoya à sa recherche; on ne lui rapporta que les corps de ses deux séides. Il dévora sa fureur jusqu'au matin. Mais alors il fit assembler le peuple, qui s'agglomèra devant le Coin-Joyeux, sur un grand terrain vague, aujourd'hui l'Esplanade. Il y eut bientôt une foule immense; on y pouvait compter, dit-on, plus de douze mille personnes. L'évêque Norbert, les chanoines, le tribun et les échevins d'Anvers, tous les hommes honnêtes, tous les chrétiens demeurés fidèles, prévenus de ce qui s'apprêtait, et décidés enfin à lever la tête, étaient venus là aussi.

Un ouragan épouvantable éclata presque subitement, mêlé de grêle, d'éclairs et de tonnerre. Tanchelm parut; il mit à profit la tempête, qu'il présenta comme un signe de la colère de Dieu.

— Hier, dit-il, on a ravi une jeune fille que je m'étais choisie; on a tué mes deux plus chers disciples; vengez-moi ou tremblez.

Une partie du peuple et tous les sectateurs de Tanchelm se mirent à pousser des cris de fureur. Mais une voix puissante, la voix de Norbert, s'éleva au-dessus du tumulte, et dit :

—Si vous êtes envoyé de Dieu, prouvez votre mission, et nous croirons en vous.

— Qui a parlé ? s'écria un des satellites en brandissant sa lourde épée.

Au même instant tous les gardes agitèrent leurs armes.

Mais ceux qui étaient venus pour avoir raison enfin du corrupteur firent voir qu'ils étaient armés pareillement. Un silence grave et sombre succéda aussitôt aux clameurs. Une voix reprit avec fermeté :

—Nous demandons un miracle.

Le silence devint plus profond dans la foule compacte.

Un miracle! dit Tanchelm avec effronterie: n'en ai-je pas assez fait?

—Ils ont raison, s'écria vivement un homme qui paraissait étranger; si vous avez la puissance qu'on vous accorde, je vous offre sur moi-même l'occasion d'en donner les preuves. En parlant ainsi, cet homme monta sur une petite éminence et se fit voir. Son dos était chargé d'une énorme bosse, digne de décorer l'échine d'un chameau. Les uns se mirent à rire en le voyant; d'autres ouvraient de grands yeux, dans l'attente de ce qui allait se faire.

— Ce que vous demandez, je l'accorde, dit Tanchelm ; et, s'adressant à l'un de ses disciples, il ajouta :

— Touchez le dos de cet homme : et qu'il devienne droit.

Le compère du faiseur de miracles, étendant la main, frappa sur le dos du bossu ; l'excroissence disparut aussitôt ; l'homme contrefait, se redressant, surgit droit et superbe. Des clameurs d'enthousiasme éclatèrent. L'étranger descendait du petit tertre, empressé de se perdre dans la foule ébahie ; mais il se trouva entouré de bourgeois qui exigèrent qu'il se déshabillât, pour laisser apprécier plus exactement le prodige qui venait de se faire en lui. On fut obligé de lui ôter son pourpoint ; et il résulta de cette recherche que la bosse dissipée par Tanchelm était une vessie gonflée d'air.

Le peuple, si mobile, parut s'éclairer tout à coup. L'hérétique pâlit, comme s'il eût prévu sa chute.

— Si vous êtes ami de Dieu, lui cria-t-on de toutes parts, vous allez apaiser la tempête qui nous menace.

En ce moment les vents furieux se déchaînaient contre la ville : les vagues de l'Escaut s'amoncelaient en hurlant, comme si elles eussent voulu dévorer Anvers; les frêles embarcations laissées dans le fleuve semblaient à chaque instant près de se broyer sur le rivage. La foule entraîna l'imposteur au Werf; et, comme il ne parlait plus, qu'il suppliait, qu'il avouait tremblant toutes ses actions hideuses, le peuple furieux allait le précipiter dans les flots, lorsqu'un homme vint l'arracher à ce péril. C'était encore l'évêque Norbert.

— Laissez-lui le temps de se repentir, dit-il.

Dieu voulut montrer alors qu'il prenait Anvers en pitié. Le saint prélat, vainqueur de la fureur des hommes, commanda aux vents et aux flots de s'arrêter aussi. Il jeta son anneau épiscopal dans l'Escaut, et la tempête s'apaisa à l'instant. Tout le peuple tomba à genoux. La religion revint fermer les plaies que l'hérétique avait faites. Tanchelm, endurci dans le crime, s'en alla en Allemagne, où il fut tué en 1125. Jean Meleyn pleura son erreur. Le mariage de Pierre Vanderheyden et de Pharaïlde se célébra dans une petite chapelle dédiée à Notre-Dame [1], et qui occupait l'emplacement où l'on admire aujourd'hui la magnifique cathédrale d'Anvers.

[1] Cette chapelle de Notre-Dame avait sans doute été bâtie par Godefroid de Bouillon, puisque la cathédrale d'Anvers reconnaît Godefroid de Bouillon pour son fondateur.

La Gourmandise

LA GOURMANDISE

LES FATALITÉS D'ADRIEN BROUWER

> L'homme aux exemples se façonne,
> Recevant les plis qu'on lui donne :
> Enfant, pour lui tout est miroir.
> CORAS.

I. — BROUWER ET SON PÈRE

Dans une triste maison d'Audenarde, au premier quart du dix-septième siècle, on n'entrait jamais sans voir, assidûment accroupi devant un petit métier à broder, un enfant de chétive apparence qui peignait, sur des morceaux de toile de la grandeur d'une soucoupe, ou des oiseaux, ou des fleurs, ou de gracieuses fantaisies. Précédemment il se bornait à dessiner ces objets sur des canevas ; et sa mère les brodait en laine, variant de son mieux les couleurs. Depuis peu il avait essayé de les peindre, et il le faisait avec tant de talent, qu'on préférait son travail à celui de sa mère.

Cette industrie avait un emploi : la mère faisait des bonnets de femme, et les dessins, brodés d'abord, peints ensuite, en composaient les fonds. Toutes les jeunes filles, toutes les femmes d'Audenarde et des environs recherchaient ces charmantes parures, que nos peintres d'histoire ne songent pas à reproduire dans les sujets de cette époque. C'était en 1619. On a perdu cet usage riant; depuis longtemps déjà les femmes, dans leur coiffure, se sont contentées d'allier à la simple mousseline ou à la riche dentelle les fleurs artificielles et les rubans. Il reste pourtant, dans certaines familles des Pays-Bas, quelques traces des fonds de bonnets coloriés ou peints; on les compose d'un tricot de perles de verre aux nuances variées. Mais ces jolies coiffures sont abandonnées aux petits enfants.

Le frêle artiste dont nous venons de parler était un enfant d'Audenarde. Son père dessinait des ornements et des arabesques pour les tapisseries de haute-lisse qui se fabriquaient alors dans cette ville. Sa mère, comme nous l'avons dit, faisait des bonnets, et son commerce de tous les jours nourrissait la maison ; car le mari ne manquait jamais de porter au cabaret tout ce qu'il gagnait de son côté. C'était pour l'enfant un fâcheux exemple.

Il n'en était garanti ni par les conseils ni par les tendresses de sa mère. Dure, insensible, ne voyant que le travail, elle ne laissait connaître à l'enfant aucune de ces joies qui rendent le jeune âge si digne d'envie. C'était une de ces femmes, heureusement rares, qui n'accordent d'affection qu'autant qu'elles en ont, et qui en ont peu, qui punissent toujours et qui ne récompensent jamais. Peut-être faut-il attribuer à ce caractère inhumain les écarts de son mari, comme on pourra lui reprocher un peu plus tard les désordres de son fils.

Tous les soirs, le petit Adrien Brouwer (c'était le nom de cet enfant) se couchait accablé de tristesse et de lassitude. Et pourtant il sentait dans son cœur, en même temps que le goût des arts, un appétit de bonheur, un désir immense de quelques innocents plaisirs ; il eût voulu bondir au soleil, se suspendre aux rameaux flexibles, courir après les papillons et les fleurs, folâtrer dans la chaude poussière, se baigner dans les eaux limpides, se rouler dans les prairies. Mais le dimanche même n'était pas pour lui un jour de fête. Après les saints offices, seul moment qui lui rendît un peu de sérénité, sa mère le retenait auprès d'elle, à écouter de graves remontrances au-dessus de sa raison, ne lui accordant d'une religion consolante que les rigueurs. L'unique délassement qu'eût le pauvre enfant, et c'était un délassement déplorable, il le devait à son père, qui le menait quelquefois au cabaret, lui donnant ainsi tout à la fois, avec les principes du dessin, l'habitude de contempler en face l'ivrognerie.

Aussi depuis a-t-il avoué qu'il avait tiré de ses premières impressions cette conclusion malheureuse : qu'une femme est dure et grondeuse, qu'un ménage est triste, et que le bonheur d'un homme est de noyer sa raison...

Dans ces circonstances, un jour d'été, que le père était au cabaret et la mère en course chez ses pratiques, le petit Adrien Brouwer, seul, assis à la porte de la maison, peignait attentivement un oiseau aux vives couleurs, lorsqu'un étranger à l'air bonhomme s'arrêta devant lui.

— Vous êtes peintre, mon petit ami? dit-il en examinant le travail d'Adrien.

— Peintre! oh! non, mynheer, répondit l'enfant surpris.

— Voilà pourtant qui est délicatement fait et peint avec sentiment! Qui vous a donné des leçons, mon fils?

— Personne, mynheer, excepté mon père, qui m'a appris à tenir le crayon; mais lui-même ne peint pas.

— Et dites-moi, reprit l'étranger, voudriez-vous devenir peintre?

Les yeux d'Adrien s'enflammèrent à ce mot; son cœur battit plus vivement.

— Si je le voudrais! dit-il d'une voix émue. Mais, non, je suis trop pauvre pour apprendre un si haut métier.

L'inconnu contempla de nouveau la petite peinture qu'il avait sous les yeux et il en parut entièrement séduit.

— Eh bien ! mon enfant, dit-il d'une voix caressante, qu'il vous plaise seulement de venir avec moi. On veut bien me regarder comme le premier peintre de Harlem. Vous serez dans la compagnie de mes élèves; vous habiterez une ville riante et superbe; je vous tiendrai bien nourri et vêtu ; et je vous traiterai comme mon fils.

— Oh! partons, partons de suite, mynheer, répondit vivement le petit artiste, dont chaque parole de l'inconnu avait enflammé le cœur.

Il s'était levé subitement. Le bonheur d'être affranchi d'un travail incessant, la joie de courir le monde, de voir et d'entendre, de s'agiter au plein soleil, de rouler dans une carriole, de voguer dans une barque; l'espoir de devenir peintre, d'étudier dans un atelier, d'avoir de jeunes camarades, — toutes ces sensations qui remplaçaient en tumulte la fatigue habituelle de son être, — l'agitaient et le mettaient hors de lui. Elevé trop peu chrétiennement pour connaître ses premiers devoirs, il ignorait qu'un lien sacré attache un enfant à sa famille ; il ne voyait dans la proposition qui lui était faite qu'un affranchissement.

— Partons, répéta-t-il, avant que ma mère revienne ; elle me retiendrait.

L'étranger que l'enfant voulait suivre ainsi était François Hals, peintre célèbre en effet, né à Malines, patrie de tant d'artistes. Établi depuis longtemps à Harlem, il était compté dans le petit nombre des peintres illustres de son époque. Il fallait que du premier coup d'œil il eût remarqué dans Adrien Brouwer des dispositions dont il comptait tirer bon parti, pour s'exposer ainsi au rapt d'un enfant. Il l'emmena à son auberge, fit vivement son compte, prit ses hardes, et partit avec sa conquête, lui promettant un bon souper au premier relai.

Ce ne fut qu'en se retournant, après avoir franchi la porte d'Audenarde, que l'enfant sentit qu'il abandonnait son père et sa mère, et qu'il se mit à pleurer. Était-ce un remords ? Il avait reçu de sa mère si peu de marques de tendresse, que les fibres affectueuses de son cœur n'avaient pu se dilater. Il se fit bientôt l'objection qu'il reviendrait peintre et riche, et que son père et sa mère lui pardonneraient. Et puis il ne savait pas bien quel tort son absence pouvait faire à sa mère ; jamais on ne lui avait dit ce que produisait son travail, et jamais on ne lui avait donné la moindre pièce d'argent. Il soupa donc de grand appétit, et il s'endormit bercé de rêves qu'il n'avait jamais eus encore.

II. — BROUWER ET SON MAITRE

Tout dans la route ravissait le petit artiste : les longs passages en barque l'enchantaient; la Hollande, si riante en été, le charma; la ville de Harlem, si fraîche et si brillante, lui sembla un paradis, surtout quand on l'eut assuré que sa famille ne pouvait pas venir le réclamer là. Ni la petite rue tortueuse où demeurait Hals, ni la médiocre apparence de sa maison, ni la mine pincée de sa femme, ne le désenchantèrent. Cette femme avait préparé à souper. L'enfant d'Audenarde se vit à table avec deux élèves, Dirk van Delen et Adrien van Ostade; il se trouva heureux.

Le lendemain, lorsqu'en dessinant des oiseaux et des fleurs il eut montré ce qu'il savait déjà, ses camarades lui prédirent qu'il irait loin; et dès ce premier jour Hals commença à l'initier dans ces connaissances spéciales de l'art de la peinture qui ne se devinent pas.

Au bout de six mois, l'artiste précoce faisait de petits tableaux, lesquels disparaissaient, à mesure qu'ils étaient achevés, parce que son maître les vendait. — Il fut longtemps sans remarquer le mauvais côté de sa nouvelle position; durement élevé, les privations lui étaient moins sensibles qu'à un autre. Mais, comme ici-bas on désire toujours être mieux, il finit par sentir qu'il n'était pas trop bien; et les plaintes de ses camarades d'atelier lui ouvrirent les yeux. Hals était intéressé; sa femme, profondément avare, ne voyait de bonheur que dans l'or qu'elle entassait. Brouwer était donc mal nourri, mal vêtu et couché sur un grabat. Ostade et van Delen, moins à plaindre, recevaient quelques secours de leurs parents; mais lui, il osait à peine songer aux siens.

Dès qu'il parut mécontent de sa misère, on le surveilla plus attentivement; on le laissa moins sortir. On n'a jamais confiance dans un coupable. — Il a bien quitté sa mère, disait la femme de

Hals ; rien ne nous assure qu'il ne songe pas à nous quitter aussi.

A côté de l'avarice sordide de cette maison, Hals, qui en était le chef, avait un autre défaut dont il semblait que le pauvre Adrien ne pût éviter le spectacle. Hals était ivrogne. Il passait la plupart de son temps au cabaret; et il y était si assidu, qu'il fallut l'en tirer à moitié ivre, lorsque van Dyck, passant par Harlem, voulut avoir son portrait peint par lui. C'était pourtant un habile peintre que François Hals, et doué de dispositions qui l'eussent conduit à de grandes choses, sans son ignoble penchant. Il saisissait merveilleusement la ressemblance, peignait très vite, et jouissait, pour le portrait surtout, d'une grande renommée. Il était bon connaisseur. Dans la circonstance que nous venons de citer, après que Dyck se fut fait peindre sans se nommer, il prit les pinceaux des mains de Hals, en disant : — Je veux faire votre tête à mon tour. — Il l'eut à peine ébauchée, que François Hals s'écria : — Vous êtes van Dyck.

Avec tout cela, le peintre de Harlem n'est pas sorti d'une demi-obscurité, et son nom ne se trouve pas dans la plupart des biographies. C'est que, soumis à des inclinations basses, on ne s'élève jamais réellement ; et, depuis qu'on cultive les arts, il n'a pas encore été donné à un artiste flétri d'ivrognerie et de crapule de se faire un nom qui ait un peu de consistance.

Nous revenons à Brouwer. En l'absence de Hals, sa femme faisait travailler les élèves, qui tous les soirs allaient rechercher leur maître au cabaret et le ramenaient de leur mieux à son logis. C'était une distraction dont Brouwer fut privé, dès qu'on se défia de lui ; et, comme un soir, malgré la défense, il essaya de sortir avec ses camarades, la maîtresse de la maison l'enferma dans son grenier et ne l'en laissa plus descendre. Il avait quatorze ans. — Sa geôlière lui porta le lendemain matin des panneaux, des pinceaux, des couleurs ; elle lui assigna sa tâche ; et il fallait qu'elle fût faite pour qu'on lui donnât à manger. Elle diminua les portions déjà modestes de ses repas, disant que, ne faisant plus de mouvement dans son grenier, il devait pour sa santé manger un peu moins. L'enfant regretta alors le joug de sa mère.

On était à l'automne. Ses camarades, ne le voyant plus depuis quinze jours, crurent qu'il s'était enfui. Mais un matin ils entendirent sa voix, et, levant les yeux dans la cour, ils le virent à une lucarne, activement occupé à peindre, pour gagner son déjeuner. Il faisait de petites scènes de cabaret; et il avait l'habitude, qu'il conserva toujours en travaillant, de parler sans cesse à ses personnages, de les apostropher ou de les faire disputer entre eux, comme s'il se fût inspiré de leurs dialogues.

Surpris de cette découverte, Ostade et van Delen allèrent le lendemain matin, pendant que la maîtresse du logis était au marché et que le maître dormait encore, parler au petit captif.

A travers les cloisons mal jointes de sa prison, ils virent avec peine qu'il avait froid, qu'il avait faim, qu'il n'était vêtu que de guenilles.

— Tu devrais t'échapper, lui dit van Ostade; avec ton habileté, que tu ne soupçonnes pas, tu trouveras partout moyen de vivre.

— Vous croyez! répondit Brouwer, qui n'était pas sorti encore de son ingénuité.

— Certes ! le maître vend très bien tes petits tableaux.

— Alors je pourrais peut-être les vendre aussi. Mais je suis enfermé.

— Nous t'aiderons à rompre la serrure.

— Mais je n'ai pas un escalin ; et je mourrai de faim dès que je serai dans la rue.

— Écoute-moi, dit alors van Delen ; si tu veux me faire en cachette les douze mois de l'année et les cinq sens, je te les paierai quatre sous pièce, et je te fournirai le papier. J'ai placement pour ces petits dessins chez un libraire.

— Je les ferai, dit vivement le prisonnier. Mais n'en parle pas.

— Chut !... fit van Ostade ; — le bruit de la porte extérieure venait rompre l'entretien. Les deux amis se hâtèrent de descendre à l'atelier.

Huit jours après, — les dix-sept dessins étaient faits, sans que Hals et sa femme s'en fussent doutés. Avec la petite somme qui en fut le prix, Adrien Brouwer se crut riche. Son grenier et son grabat lui parurent donc insupportables. Le lendemain matin, aidé de ses amis, il ouvrit la porte de sa geôle et gagna la rue.

Ce fut pour lui encore un bonheur de se retrouver libre, mais un bonheur mêlé de trouble et de crainte. Voulant entreprendre un grand voyage, il commença par se munir de provisions; et, maître de choisir celles qui le flattaient le plus, il acheta une énorme quantité de pain d'épices. Il s'en régala sans ménagement; puis il entra dans une église pour se recueillir, et sans doute pour remercier Dieu de sa liberté. Il eût dû partir ensuite; mais il se résolut à attendre là quelques heures, craignant qu'on ne le recherchât dans la ville et n'osant s'y hasarder. Par malheur pour lui, la seule personne peut-être qui le connût à Harlem, et qui était un ami de Hals, entra alors dans cette même église, et apercevant le pauvre fugitif lui demanda ce qu'il faisait là? Le petit artiste fut obligé de raconter ses peines.

— Je me charge de raccommoder tout cela, mon jeune ami, dit le Harlemois; je parlerai de sorte que dorénavant on vous traitera mieux. Mais vous ne devez pas quitter si tôt maître Hals, qui fera de vous un bon peintre. D'ailleurs, en haillons comme vous voilà, on vous arrêterait pour vous loger avec les mendiants vagabonds, et ce serait bien autre chose !

Brouwer se laissa reconduire, le cœur un peu gros, ne sachant trop s'il devait résister, ou trop timide pour oser le faire.

L'ami de Hals, en lui ramenant son élève, lui reprocha son avarice et sa dureté. La femme du peintre, qui déjà avait supputé ce que lui faisait perdre la fuite du jeune artiste, subit les reproches en baissant la tête. Voulant retenir l'enfant par une autre voie, elle feignit de se laisser attendrir et promit de traiter désormais le pauvre élève comme son fils. Ce qui excita surtout cette manifestation de tendresse, c'est que les deux camarades de Brouwer, pour couper court aux recherches qu'on pouvait faire sur la manière dont il s'était procuré les moyens de se régaler de pain d'épices et d'en gonfler toutes ses poches, déclarèrent qu'eux-mêmes lui avaient donné de l'argent, qu'ils avaient favorisé son évasion, et qu'ils la faciliteraient encore, s'il n'était pas maintenant leur égal en toutes choses.

Ainsi on ne le fit plus coucher au grenier : il travailla dans l'atelier, qui était chauffé par un bon poêle; on le nourrit un peu moins mal. Avec un vieil habit du peintre, on lui fit un vêtement supportable. On lui permit, comme autrefois, d'aller le soir, en compagnie des autres élèves, rechercher Hals au cabaret.

Il faut placer alors le récit de la plaisanterie que les élèves de ce peintre lui firent un soir.

Lorsqu'il se trouvait dans la demi-ivresse qui avait pour lui tant de charmes, il devenait tendre et sensible; il régalait ses élèves et les appelait ses enfants. Quand il rentrait dans cet état, il couchait dans un petit lit antique à baldaquin, dressé au rez-de-chaussée. Ses élèves l'aidaient à se déshabiller, puis se retiraient avec la lanterne, car on ne leur donnait pas d'autre lumière. Mais tous les soirs ils entendaient François Hals, en mettant la tête sur l'oreiller, faire une courte prière, qu'il ne manquait jamais de terminer par ces mots : — Mon Dieu, rappelez-moi à vous dans les cieux, le plus tôt possible.

La chambre au vieux lit était au-dessous de l'atelier. Les trois espiègles, ayant percé le plancher, avaient passé des cordes, et préparé une sorte de mécanisme au moyen duquel, un soir que le vieux peintre, resté seul dans sa chambre, faisait tout haut sa prière, son lit s'enleva doucement et se mit à monter. Tout embrouillée qu'était sa tête, il sentit ce mouvement, s'en effraya, et se mit à crier : — Pas sitôt, mon Dieu ; pas sitôt !

Le lit alors redescendit. Tout rentra dans le calme. On ajoute que François Hals ne dit jamais un mot de cette aventure ; par conséquent il n'en chercha jamais l'explication. Mais depuis il supprima la finale habituelle de ses oraisons.

Adrien Brouwer passa chez ce maître un nouveau bail de dix-huit mois, supportant mieux sa destinée et ne soupçonnant pas encore ce qu'il valait. Pourtant ses idées se développaient. Ses ouvrages disparaissaient si vite, qu'il pensa qu'on les recherchait ; et quelques mots qu'il entendit lui firent comprendre qu'on les vendait bien. Par un beau matin de printemps, il s'échappa de nouveau, quitta rapidement Harlem, et s'en alla droit à Amsterdam.

Mais il emportait de là encore, plus fortement enracinées qu'à sa première fuite, ces idées que les femmes étaient avares et revêches, et que le bonheur des hommes était au cabaret. Que voulez-vous ? Van Ostade, dont on prétend que l'âme était plus élevée, a dû aussi à son éducation cet amour du cabaret qui anime la plupart de ses tableaux.

III. — BROUWER ET SON HOTE

Voilà donc l'apprentissage fini ; voilà donc ce jeune homme lancé dans le monde. Mais ses premières impressions tueront son avenir. Depuis ses tendres années, il avait vu les êtres qu'on doit respecter le plus, son père et son maître, livrés complètement à l'ivrognerie. Elle lui semblait donc le plus haut privilége des hommes ; et il ne pouvait regarder le travail que comme moyen de se procurer surtout de quoi boire.

Ce qu'il ne manqua pas de faire en arrivant à Amsterdam, ce fut d'entrer dans un cabaret. Il était sans argent. Tout en buvant, il rêvait au moyen de dîner ; et tout en rêvant il dessinait sur la table une figure grotesque qui était devant lui.

C'était celle du cabaretier lui-même, joyeux

compère, lequel avait un fils qui apprenait aussi la peinture; en raison de quoi il se piquait d'aimer les arts.

— Vous êtes peintre, dit-il à Brouwer en considérant son esquisse qui n'était pas flattée.
— Et comme il avait le caractère bien fait : — Vous allez dîner avec nous, ajouta-t-il.

— Mais, répondit Brouwer, si j'avais une bourse, je vous dirais qu'elle est à sec.

— N'importe ! vous avez du talent. Je vous donnerai un panneau et des couleurs. Vous ferez de votre mieux un petit tableau qui se placera vite. Les amateurs ne manquent pas.

C'était jouer de bonheur. Le jeune homme dîna gaiement; et, comme son hôte avait encore les goûts qui rendaient François Hals sensible, il signala son arrivée dans Amsterdam en restant à table jusqu'à minuit.

Le lendemain matin, il se vit installé dans une chambre que le cabaretier lui donna; et il se mit à peindre. Après quelques jours de travail, il eut terminé un petit tableau ; sur la recommandation de son hôte, il l'alla porter à un amateur qui lui en offrit cent florins. Il fut aussi surpris de l'énormité de cette somme, qui lui paraissait une fortune, que d'apprendre que son nom et sa manière étaient déjà connus. Il s'en revint plein de joie au cabaret, concevant à peine qu'il eût en sa possession un trésor de cent florins, les répandit sur son lit, pour pouvoir dire qu'il avait roulé sur l'argent, se vautra comme un fou dans ses florins, puis se mit en fête et dépensa tout en dix jours.

Son hôte, qui à son égard se débattait entre l'approbation et la censure, lui faisant observer qu'il avait dévoré sa petite somme lestement : — Je me suis hâté de m'en débarrasser, dit Brouwer, afin d'être plus tôt libre. . . .

Ce fut désormais sa règle de travailler au cabaret, et de travailler plus ardemment lorsqu'il n'avait plus rien dans sa bourse.

On a beaucoup chargé la mémoire d'Adrien Brouwer. On a dit, à propos de ses orgies, que ce fut un homme de mauvaise vie et de débauche. On voit cependant qu'il travailla, qu'il chercha ardemment à s'instruire ; qu'il apprit l'espagnol et le français ; qu'il étudia son art, et qu'il donna toujours de bons conseils à ses amis. On lit dans les biographes que, toujours fidèle à son usage de s'entretenir avec les personnages qu'il représentait dans ses tableaux, il leur adressait la parole en espagnol, en français, ou en flamand, selon le pays dont il leur donnait le costume.

Il était à la fois original et généreux. Dès qu'il se reconnut capable de gagner de l'argent, il voulut faire venir auprès de lui son père et sa mère. Mais il apprit avec douleur qu'il les avait perdus.

En fait d'originalité, citons seulement celle-ci, que quand on ne lui donnait pas, du tableau qu'il avait fini, le prix qu'il fixait, il le jetait au feu et le recommençait avec plus de soin.

Son caractère léger et son isolement lui firent faire quelques folies. En voici une, qui n'est certainement pas d'un imbécille, que les faiseurs d'ana, — en la rajeunissant d'un siècle, ont attribuée à Piron, — et qui mettait en action, longtemps avant Sedaine, la morale de l'*Épître à mon habit*.

Brouwer tenait peu à l'élégance du costume; il était toujours assez mal vêtu, comme un homme qui se souvenait de sa défroque de Harlem.

Un jour qu'un de ses amis allait se marier, remarquant qu'il ne l'invitait pas à la noce, il soupçonna le motif secret de son exclusion, se fit faire un superbe habit de velours, et s'en alla, pour lors en belle tenue, visiter cet ami, qui, le voyant si présentable, se hâta de le convier au festin. Brouwer s'y rendit; puis, au milieu du repas, prenant un plat rempli de sauce, il le répandit solennellement sur son habit de cérémonie, à la grande stupéfaction de l'assemblée.

— Que faites-vous donc ? lui cria le marié.

— Je régale l'habit que vous avez invité, répondit Brouwer.

Un autre jour, on lui représentait qu'il n'entrerait pas au théâtre d'Amsterdam (on donnait spectacle-gala), sans être vêtu avec un peu de richesse; il prit une toile, y peignit à la détrempe de charmantes fleurs dans le goût indien, et s'en fit un manteau qui excita l'admiration générale. Lorsqu'il vit, dans un entr'acte, qu'il était l'objet de tous les regards, que toutes les dames s'inquiétaient de savoir où l'on pouvait se procurer des étoffes de cette sorte, il prit une éponge mouillée, enleva la peinture : — Et maintenant que ce n'est plus qu'une toile nue, dit-il, vous trouvez donc que j'en vaux moins ?...

Après avoir illustré son séjour d'Amsterdam par de bons tableaux et de joyeuses espiègleries, soit qu'il s'y déplût, soit qu'il y eût fait des dettes, soit qu'il fût poussé par un amour des voyages, soit qu'il se fût attiré quelque désagréable affaire, Adrien Brouwer partit tout d'un coup pour la Flandre. Il arriva aux portes d'Anvers, au moment où, la mort de l'infante Isabelle ayant réveillé dans les Pays-Bas quelques germes de division, le stathouder Frédéric-Henry avait mis le pied dans les provinces catholiques, et cherchait à en ravir quelques lambeaux. Le pays était sur ses gardes; si bien qu'en voyant un homme mal vêtu, de mauvaise mine, flânant et observant, on le prit pour un espion ; et l'entrée d'Adrien Brouwer dans la ville où régnait alors Rubens le conduisit tout droit à un cachot de la citadelle d'Anvers.

Mais ce cachot s'éclairait d'une belle lucarne grillée. Le jeune peintre, ayant un peu d'argent pour acheter du tabac et de la bière, ne se trouva pas trop mal. Il annonça qu'il peignait un peu ; et le duc d'Arenberg, en même temps que lui prisonnier dans le fort, lui ayant procuré tout ce qu'il fallait pour faire un tableau, il croqua les soldats de la citadelle occupés à jouer dans un corps-de-garde. Le Duc envoya cette vive esquisse à Rubens. A la force et à l'harmonie de la couleur, à la vérité de l'expression, à l'esprit de la touche, Rubens s'écria : — Brouwer seul a pu faire cet ouvrage !

Il en offrit six cents florins ; mais le Duc ne voulut le céder à aucun prix.

L'illustre chef de l'école d'Anvers courut donc à la prison, se fit caution du pauvre artiste, l'emmena avec lui, le logea dans son palais, l'admit à sa table, et remonta dignement sa garde-robe.

Mais, dans cette aisance de bon ton, Brouwer, reconnaissant, n'était pourtant pas à son aise, comme avec l'hôte d'Amsterdam.

IV. — BROUWER ET SON ÉLÈVE.

Anvers possédait alors un boulanger qui se nommait Joseph van Craesbeke. Il était né à Bruxelles dans l'année 1608, en même temps que Brouwer recevait le jour à Audenarde Il avait couru le pays en qualité de mitron, menant joyeuse vie, aimant les fêtes et l'estaminet ; rieur et plaisant, et peu réglé dans sa conduite. Son caractère avait plu à une jeune Anversoise que l'on citait comme une beauté; il l'avait épousée et s'était établi maître boulanger.

Ses habitudes de cabaret lui devinrent d'autant plus chères, qu'il trouvait facilement à Anvers des compagnons de son humeur. Aussitôt qu'il avait fait sa grosse besogne, il laissait à sa femme le soin de tout le reste, et courait tout enfariné joindre ses amis, qui faisaient cas de ses saillies.

Il fit au cabaret la connaissance d'Adrien Brouwer. Tous les soirs, celui-ci désertait les salons de Rubens pour aller fidèlement s'enfumer de tabac et s'emplir de bière.

Brouwer et Craesbeke étaient faits l'un pour l'autre; ils se lièrent bien vite d'une amitié si intime, qu'ils devinrent inséparables. Aussi Brouwer ne tarda-t-il pas à quitter brusquement la maison de Rubens, à qui pourtant il devait tant, pour venir se loger chez le boulanger, lequel, sachant sa friandise, lui faisait avec tendresse d'excellents petits pains.

On voyait que le mitron était heureux de posséder l'artiste. Dès qu'il avait expédié ses travaux du matin, Craesbeke montait à l'atelier de son ami et restait presque en extase à le regarder peindre jusqu'à la chute du jour. Alors ils sortaient ensemble, passaient la soirée à fumer et à boire avec hilarité, et ils rentraient quand ils ne pouvaient plus faire autrement.

A force de voir faire de la peinture, l'idée vint au boulanger qu'il pourrait bien s'en mêler aussi. Un jour qu'il était derrière la chaise de Brouwer, occupé depuis long-temps à l'étudier, et suivant de l'œil et de la tête tous les mouvements de sa main :— Il me semble, dit-il en rompant le silence, que j'aurais du goût pour ton art !

Car ils se tutoyaient, en bons camarades d'orgies.

— Eh bien ! répliqua l'autre, pourquoi n'essaierais-tu pas ?

Il lui mit en main un pinceau, plaça sur le chevalet une toile neuve, et le fit asseoir.

Craesbeke essaya; et il réussit, parce qu'il avait longuement observé son maître ébauchant et terminant ses tableaux; qu'il avait fini par comprendre ce qu'il voyait; et que sans doute il avait eu dans sa jeunesse quelques leçons de dessin. Il fut bientôt peintre. Au bout de deux ans, il achevait le fameux tableau où il s'est représenté lui-même faisant le portrait d'Adrien Brouwer. Cette œuvre remarquable est à Paris, dans la galerie du Louvre, ainsi que les *Joueurs de cartes* de Brouwer, qui attirent justement l'admiration des connaisseurs.

Craesbecke vécut trois ou quatre ans avec son ami dans une intimité parfaite. Mais à la fin une querelle les sépara. On croit que cette brouillerie eut lieu à propos de plaisanteries un peu fortes, dans le genre de celles d'Ulespiègle; plaisanteries que se permettait quelquefois Brouwer, et qui cette fois obligèrent les magistrats d'Anvers à le prier de sortir du pays. — Il s'éloigna, emportant son jugement fait sur les hommes, qu'il appréciait d'après son père d'Audenarde, son maître de Harlem, son hôte d'Amsterdam, et son élève d'Anvers: quatre ivrognes.

Quant à l'autre sexe, l'épouse de son hôte et la femme de son élève, qui étaient bonnes et douces, l'avaient amené à le juger mieux.

Après le départ de Brouwer, Craesbeke quitta tout à fait son état de boulanger pour se livrer exclusivement à la peinture ; il alla s'établir à Bruxelles. Ses tableaux furent recherchés ; et il les vendait cher. Ils représentent ordinairement des scènes d'estaminet, des querelles, des intérieurs flamands, peints avec une rare finesse, pleins d'action et de mouvement. Il fit aussi des portraits estimés. Souvent il a reproduit le sien, tantôt avec un emplâtre sur l'œil et ouvrant une bouche effroyable, tantôt étudiant sur sa figure l'effet des grimaces les plus bizarres. Il approcha bien près de son maître, que pourtant il n'égala point. Mais, bien que, comme lui, peu soucieux de l'avenir, il dépensât son argent aussi facilement qu'il le gagnait, grâce à l'ordre de son heureux ménage, Joseph van Craesbecke en mourant laissa sa femme et ses enfants dans une sorte d'aisance.

Brouwer cependant, en s'éloignant d'Anvers, se dirigea sur Paris, qu'il voulait voir. Il y arriva en 1639. C'était la vieillesse de Louis XIII et de Richelieu. On n'y goûta ni son talent ni sa personne. Réduit à une extrême détresse, il s'en revint, ne rapportant de son voyage que le germe d'une funeste maladie. Il regagnait Anvers, où son entrée devait être moins heureuse encore que la première fois. Sachant que Craesbeke n'habitait plus cette ville et n'osant se présenter à la maison de Rubens, il se rendit à un hôpital, où il mourut misérablement à trente-deux ans : pauvre artiste qui, avec de la conduite, ou peut-être avec une autre éducation, eût surpassé Rembrandt.

Était-il châtié d'avoir déserté la maison de sa mère? C'est sur quoi nous n'oserons prononcer.

Rubens, qui, devant les talents de Brouwer, oubliait ses torts, et qui se montra toujours si noble et si grand, obtint que le corps du malheureux artiste, enterré comme un pestiféré, fût retiré du cimetière public; et il lui donna une sépulture honorable dans l'église des Carmes d'Anvers.

La Colère

LA COLÈRE

LE JEU DE PAUME DE CONDÉ

> On dit que les Lydiens inventèrent le jeu. Prévoyaient-ils tout le sang qu'il ferait répandre ?
>
> OXENSTIERN.

En l'année 1468, sous le commandement du sévère duc et roide justicier monseigneur Charles de Bourgogne, comte de Flandre et de Hainaut, duc de Brabant, de Limbourg, de Luxembourg et autres lieux, surnommé en son vivant le Hardi et le Terrible, et depuis sa mort le Téméraire, il advint une chose grave et d'austère morale pour les jeunes gentilshommes qui oublient leur devoir envers Dieu et le prochain, et cèdent trop facilement la bride à l'élan de la colère et des mauvaises passions.

Le sire Jean de La Hamaide, gouverneur de Condé, seigneur d'Haudion et de Mainvault, l'un des chambellans du seigneur duc, avait un fils naturel qui se nommait Arnould, et que plus généralement on appelait, selon l'usage d'alors, le bâtard de La Hamaide.

Quoique son père, depuis dix ans, fût marié avec la très noble dame Marie Louchier, Arnould était bien reçu au logis, publiquement avoué et très chéri de son père, qui l'avait toujours bien équipé et lui entretenait des hommes d'armes sous son commandement.

Ce jeune gentilhomme, qui n'avait alors que vingt-quatre ou vingt-cinq ans, s'était déjà fort distingué. Il avait combattu vaillamment à la journée de Montlhéry; et il avait mérité les regards et les éloges du seigneur duc. On le distinguait ainsi parmi ceux de la Cour, à cause de sa vaillance, qu'il rehaussait par une grande beauté, une bonne mine, et de belles manières. Mais on pouvait lui reprocher un caractère violent et furieux. Ce défaut, qui était évidemment celui du prince, obtenait, il est vrai, de l'indulgence, quoique Charles de Bourgogne exigeât autour de lui une douceur qu'il savait bien pour son compte ne pas avoir.

Le jeu de paume, en ce temps-là, était fort à la mode; le bâtard de La Hamaide aimait cet exercice, et, comme il y avait à Condé un très beau jeu de paume qu'on avait fait pour lui, tous les jours, lorsqu'il n'était pas en guerre, il prenait plaisir à jouer là devant tout le monde, faisant admirer son adresse et sa gaieté.

Or, un jour qu'il jouait avec beaucoup de feu, contre quelques jeunes chevaliers, ses amis, il se présenta un coup douteux. De vives querelles s'émurent; on finit, du consentement de toutes les parties, par choisir un arbitre. C'était un bon chanoine qui se trouvait présent. Ayant examiné le coup, il décida contre Arnould de La Hamaide, lequel, froissé dans son orgueil, montra une si grande fureur, qu'il voulut tuer le chanoine. On le retint; mais il jura d'un ton si emporté qu'il aurait vengeance, que le chanoine effrayé s'alla cacher avec soin.

Arnould gardait sa colère; il quitta le jeu et

parvint à s'échapper à la recherche du bonhomme qui avait eu le malheur de lui donner tort. Soupçonnant qu'il s'était réfugié dans un village voisin, chez son frère qui y demeurait, le bâtard y courut; mais il ne trouva que le frère, qui ne se doutait de rien.

— Le chanoine ! s'écria Arnould, je veux le chanoine; et si tu ne me le livres à l'instant, tu es mort.

Ses yeux étincelaient de colère, comme il parlait de la sorte.

— Mon beau seigneur, dit le campagnard commençant à trembler, mon frère le chanoine n'est point ici ; et, s'il vous a fait quelque offense, je vous prie de considérer que j'en suis innocent.

— Il est ici, manant, reprit l'orgueilleux bâtard ; je suis assuré qu'il est ici et que tu me le caches. Il m'a outragé ; il m'a donné tort quand j'avais droit. Je veux son sang.

— Mon bon seigneur, que Dieu vous soit en aide ! reprenez vos esprits. Mon frère est un homme juste; s'il vous a donné tort quand vous aviez droit, c'est qu'il se sera trompé. Il réparera son erreur.

Le pauvre homme ne comprenait pas le fait dont il s'agissait ; mais il voyait avec épouvante les sinistres indices d'une colère indomptable dans tous les traits du jeune gentilhomme, et il cherchait à la calmer.

— Tu avoues donc qu'il est ici, reprit le bâtard, l'écume à la bouche : et tu l'excuses ! Je te dis qu'il me faut son sang. Je ne sortirai d'ici qu'après m'être vengé sur lui, ou sur toi, qui es son frère et qui te fais son champion.

Ces paroles sortaient entrecoupées des lèvres en convulsion du bâtard ; le frère du chanoine tomba à genoux, les mains jointes, priant et pleurant, protestant de son innocence, prenant Dieu à témoin que son frère n'était pas en sa maison, et demandant grâce.

Mais ses larmes et sa posture suppliante n'amollirent pas le cœur furibond d'Arnould ; d'un coup de sa lourde épée qu'il brandissait avec frénésie, il abattit les mains que le pauvre homme à genoux lui tendait, et d'un autre coup lui perçant le cœur, il le renversa mort.

Après ce forfait, il fureta la maison ; et, n'ayant pas trouvé le chanoine, il essuya son épée, la remit au fourreau, sortit froidement, s'en revint à Condé, s'inquiétant peu de ce qu'il avait fait, et comptant bien qu'à cause de son nom, de sa haute famille et de la faveur où il était auprès du seigneur duc, personne ne songerait même à cette affaire. Son père en effet était allié à toute la noblesse du Hainaut. On ne fit aucune démarche pour réparer l'offense faite à la famille du chanoine; on n'offrit aucune composition aux parents du mort; et l'assassin, qui n'avait pas craint un seul instant, s'en alla à Bruges, où le Duc faisait de grands préparatifs pour recevoir madame Marguerite d'York, sœur du roi d'Angleterre, laquelle il allait épouser.

Mais Charles de Bourgogne commençait son règne, et il remarquait tant de licence dans sa noblesse, qu'il ne demandait pas autre chose qu'une occasion de faire connaître sa justice ferme. La clameur publique fit parvenir à ses oreilles le crime du bâtard. Sur les dispositions qu'il montra, la famille du chanoine sachant qu'elle serait bien accueillie à demander justice, les parents du mort vinrent à Bruges, se jetèrent aux pieds du seigneur duc, et lui exposèrent leur grief. Charles les releva, leur promit qu'ils auraient réparation, et jura par saint Georges qu'il ne la différerait pas.

Une heure après, comme le bâtard de La Hamaide se promenait au milieu de la cour même du palais de Bruges avec quelques gentilshommes, il fut arrêté par ordre du Duc, conduit sous forte garde à la prison de la Poterne, et recommandé étroitement.

Dès que les parents du bâtard apprirent ce qui venait de se passer, connaissant la rigueur du nouveau souverain, ils ne perdirent pas de temps. Les uns se rendirent auprès du chanoine pour entrer en composition avec lui; les autres demandèrent audience au Duc.

Charles de Bourgogne les reçut en plein conseil et devant tous les seigneurs de sa cour. Il était vêtu de velours noir avec des fourrures fauves, coiffé d'une toque rouge; son teint, plus pâle que de coutume; ses sourcils noirs tellement froncés, qu'ils se confondaient, lui donnaient un air formidable. Il avait la main droite sur son poignard, dont il faisait sortir et rentrer la lame, tout en semblant prêter attention. Les parents du bâtard, s'étant jetés à genoux, supplièrent le Duc d'adoucir sa justice en faveur du jeune homme, rappelant tous les services qu'en maints dangers pressants il avait rendus à la guerre au Duc, son souverain. Le Duc les écoutait, serrant entre ses dents l'ongle de son pouce, comme il faisait quand il méditait une résolution. Lorsqu'ils eurent fini, il prit la parole, tout en tordant et relevant ses moustaches. C'était signe que ce qu'il allait dire serait mesuré.

— Sire de La Hamaide, dit-il, et vous autres ses parents, je sais tous les services que vous m'avez rendus. Mais ce n'est pas ici le cas de vous en récompenser; car la chose qui est en question n'est pas en mon pouvoir. Si vous demandez grâce, il y a ici des membres de la famille offensée qui réclament justice; et c'est mon devoir de la rendre. Si vous eussiez contenté à point la partie plaignante et empêché que sa clameur ne vînt jusqu'à moi, vous eussiez peut-être obtenu ce que maintenant je ne puis vous accorder; car je ne puis vous donner le sang de leur frère qui crie vers moi. Contentez donc avant tout la partie. Mais pourtant il est fâcheux que l'offense soit en mon su, parce que je dois faire conscience de la négliger.

Les parents du bâtard ne purent obtenir que cette réponse vague. Ils se retirèrent avec inquiétude; car des conseillers du prince leur disaient secrètement qu'ils avaient entendu Charles de Bourgogne jurer tout bas par saint Georges que le bâtard en mourrait long ou court; c'est-à-dire par la corde ou par l'épée. Néanmoins ils pensèrent que le Duc y regarderait à deux fois pour faire affront à la chevalerie du Hainaut, tout entière intéressée dans cette affaire; et, pour ne rien négliger, ils se hâtèrent d'apaiser la famille du mort, qu'ils satisfirent complètement par argent et par honnêtes réparations. Le chanoine, à la tête des siens, alla même dire au Duc qu'ils étaient contentés, et qu'ils le suppliaient de faire grâce à l'offenseur.

Le Duc répondit quelques mots obscurs, qui pouvaient signifier que tout n'était pas fait; et les parents du détenu restèrent dans l'incertitude.

Quant au bâtard, il ne s'imaginait pas le moins du monde qu'il mourrait; et il charmait les ennuis de sa prison en faisant bonne chère.

Cependant tous les préparatifs étaient faits pour la réception de Marguerite d'York, qui devait d'un moment à l'autre arriver à l'Écluse. Bruges était remplie de seigneurs et de gentilshommes venus de toutes les provinces et du pays de Bourgogne; les ambassadeurs de toutes les puissances chrétiennes y affluaient; une foule de riches marchands et de curieux étaient arrivés pour les fêtes du mariage, qui promettaient beaucoup de pompe. Le Duc choisit cet instant et ces circonstances pour faire éclater plus vivement sa justice.

Le vendredi 23 juin de ladite année 1468, avant de partir pour L'Ecluse, où il allait recevoir la princesse d'Angleterre, il fit venir l'écoutète de Bruges; c'était le premier magistrat de justice de la ville. Il le tira en particulier, et lui dit :

— Vous irez prendre ce soir le bâtard de Condé; vous le conduirez dans la prison de la ville, et demain matin, à onze heures, vous le ferez exécuter hors de Bruges, au lieu accoutumé, avec les formes ordinaires. Je le veux.

— Monseigneur, dit l'écoutète, mon devoir est

d'obéir à votre commandement, et je le ferai. Mais il est dur qu'un si beau jeune homme, de si haut lieu, n'ait pu obtenir votre miséricorde.

— Vous avez entendu, répliqua froidement le Duc; faites ce que j'ai dit, et ne vous occupez pas du reste.

Là-dessus Charles de Bourgogne renvoya l'écoutète, et partit pour L'Écluse.

A minuit, le magistrat vint chercher le bâtard, qui était couché et qui ne s'attendait guère à une mort si prochaine. On le conduisit à la prison des criminels, et on lui dit qu'il ne devait plus penser qu'à son âme; il se mit à se lamenter en grande douleur. On lui envoya deux confesseurs; et l'écoutète, qui s'intéressait à lui, avertit secrètement sa famille, afin qu'elle tentât encore les moyens de le sauver.

Dès le matin du samedi, le chevalier Jacques de Herchies vint à L'Écluse implorer l'intercession de la duchesse-mère; il obtint son appui. Mais le Duc, comme s'il eût prévu ce que l'on ferait, s'était allé promener en mer. Herchies courut après lui, et ne put le joindre qu'à deux heures.

L'écoutète, favorable jusqu'au bout au condamné, avait fait différer jusqu'alors l'exécution, malgré les ordres formels du souverain. Mais, à deux heures, ne voyant revenir aucun ordre, il abandonna le patient, qu'on avait bien confessé et préparé à la mort.

On l'attacha sur une charrette avec des cordes; il était vêtu, dit Chastelain, aussi richement que s'il fût allé à la noce. Une multitude immense le suivait, lui donnant de grandes marques de compassion ; et plusieurs jeune filles le demandaient tout haut en mariage pour le sauver. Mais cette grâce ne pouvait leur être accordée

Quand il fut arrivé hors de la ville, au lieu de l'exécution, on le fit descendre de la charrette. Il ôta son riche pourpoint de soie, fit ses adieux à tout le monde, et monta sur l'échafaud, touché enfin et disant qu'il espérait que cette mort honteuse à la fleur de son âge lui obtiendrait de Dieu miséricorde. On lui banda les yeux; il se mit à genoux, et le maître des hautes-œuvres d'un seul coup lui trancha la tête; après quoi le corps fut exposé sur une roue comme celui d'un assassin.

Le Duc l'avait ordonné ainsi.

Pendant ce temps-là, le sire de La Hamaide, pénétré d'une profonde affliction, faisait arracher ses armoiries, qui étaient à la porte de son hôtel, et, ne voulant pas rester plus longtemps dans une ville où il se croyait déshonoré, il partait à cheval emportant ses joyaux.

Mais, à la même heure aussi, le Duc, cédant à la prière de sa mère, accordait la grâce du bâtard de La Hamaide, sachant bien au reste qu'il était trop tard, mais voulant donner à la famille une consolation, en lui permettant d'enterrer le corps mort en lieu saint. Les restes d'Arnould de La Hamaide furent donc détachés de la roue, et inhumés solennellement dans la chapelle des Ménétriers à Bruges. — Et le grand acte de justice que le duc Charles avait fait protégea longuement, par la terreur salutaire qu'il inspira, les gens de petite condition contre ceux de haut lieu.

LE SINGE DE CHARLES-QUINT

> La colère n'est qu'une crise de folie.
> SÉNÈQUE.

C'est Sleidan, un historien allemand, peu estimable du reste, qui nous a conservé la petite anecdote sur laquelle nous allons faire une halte d'un moment. La plupart des historiens ont passé ce trait léger sous silence, s'étayant du prétexte que l'histoire doit être grave et guindée. Mais pourtant l'histoire est le tableau de la vie, mélange de choses sérieuses et de choses bouffonnes. Et souvent il n'y a pas moins d'enseignement dans le récit d'un petit fait trivial que dans le procès-verbal solennel de ce qu'on est convenu d'appeler un grand événement. Ne négligeons donc pas l'anecdote. Les pédants ont beau faire, le singe de Charles-Quint est un personnage historique.

On dira encore que Sleidan n'a relevé l'aventure du singe que parce que cet écrivain méprisé était l'ennemi de Charles-Quint. Mais l'histoire n'est pas une apologie; et il est utile de rappeler aux grands hommes qui nous entourent les faiblesses des grands hommes qui les ont précédés.

Si bien donc que l'empereur Charles-Quint, s'en venant châtier les Gantois en 1540, passa par Amiens. Il était triste et préoccupé. Il lui paraissait dur de sévir contre la grande cité où il avait reçu le jour, lui qui, dans une lettre à François Ier, avait pris avec une sorte d'orgueil le titre de bourgeois de Gand. Mais il y avait eu tant d'excès, qu'il fallait bien punir. Il ne parlait à personne, et toute la cour cherchait en vain à le distraire. Les choses inaccoutumées et bizarres avaient seules le privilége de frapper un moment cette tête puissante. Aussi ce fut une bonne fortune pour les nobles seigneurs qui accompagnaient Charles-Quint, lorsqu'on apprit, en traversant Amiens, qu'il y avait en cette ville un bonhomme patient qui possédait un petit singe éveillé dont il avait fait un savant. A force de persévérance, le bourgeois avait dressé l'animal si merveilleusement au jeu des échecs, que le singe ne craignait aucun joueur, et que les plus forts étaient battus par lui. Il se trouvait justement que le jeu des échecs était un des délassements favoris de l'Empereur. On acheta le singe à grand prix ; on l'offrit à Charles-Quint. Le prince se montra charmé du personnage ; il l'emmena à Gand avec lui.

Sleidan raconte donc que Charles-Quint prenait plaisir à jouer aux échecs avec son petit singe. Le singe était adroit, bien dressé, bon joueur, mais peu courtisan : il ne jouait avec attention que sur un petit échiquier fait pour lui.

Avant d'aller plus loin, si l'on s'étonne de voir un singe jouer aux échecs, nous prions le lecteur de se rappeler l'automate qui, dans le courant de l'autre siècle, s'était fait un nom par ce genre de talent. Pour ceux à qui ce fait curieux ne serait pas présent, voici la description qu'on en trouve dans tous les récits :

L'automate connu sous le nom du *Joueur d'échecs* était assis près d'une table, ses pièces rangées suivant les règles du jeu. Aussitôt qu'il se présentait un joueur, la partie commençait. La statue, de grandeur naturelle, paraissait réfléchir attentivement et parcourir toutes les pièces, de sorte que l'amateur qui jouait avec elle avait tout le temps nécessaire pour méditer ses coups. Mais à peine avait-il remué une pièce, que l'automate, levant le bras gauche, plaçait la sienne. Lorsqu'il était dans le cas de prendre, il indiquait avec le doigt la pièce perdue par son adversaire; on l'ôtait, et alors il posait très exactement. Quand le joueur manquait aux règles du jeu, la figure hochait la tête jusqu'à ce que la faute fût réparée. L'ordre rétabli, l'automate continuait d'agir par lui-même, sans aucun secours étranger (du moins on le disait); et l'on assure qu'il n'a jamais perdu, quoiqu'on l'ait mit aux prises avec les plus forts joueurs de tous les pays.

Cette machine admirable avait été exécutée par Kempile, conseiller de la chambre impériale et royale de Presbourg.

Dans un automate, direz-vous peut-être, c'est encore le génie de l'homme. Mais est-ce que l'homme ne peut pas, avec de la patience, dresser certains animaux à une habileté mécanique?

Est-ce qu'on n'a pas vu des chiens et des chevaux faire des choses surprenantes et montrer une dose d'intelligence qu'une machine ne peut jamais avoir ? Nous irions loin, si nous voulions nous lancer dans les excursions à ce propos. Revenons au singe de l'Empereur.

Un jour qu'il jouait avec Sa Majesté, dans les vieilles salles de la Cour-du-Prince à Gand, comme la partie était bien engagée, le singe, annonçant son triomphe par une cabriole, fit l'échec du berger.

Charles-Quint, que d'autres préoccupations affectaient sans doute, fut si piqué de ce coup, que, dans sa colère, il se leva et jeta le petit échiquier à la tête du singe. C'était, tout empereur qu'il était, se montrer détestable joueur, surtout dans une telle circonstance.

Diogène vit un jour un Athénien qui battait sans pitié son cheval, parce qu'il venait de broncher. Le cheval, irrité par la douleur, se mit à ruer, et l'homme de frapper plus fort. Le philosophe cynique s'arrêta : — Voyons, dit-il, qui sera le plus raisonnable ! — C'était facile à prévoir : ce fut le cheval.

Il eût fallu que Diogène se fût trouvé ce jour-là à la Cour-du-Prince à Gand. Il eût répété sa fameuse parole : — Les hommes doivent être riches en raison, car ils en font peu de dépense.

Lorsque Charles-Quint eut reprit du sang-froid, il invita le singe à se remettre à table pour jouer de nouveau. Le petit animal, dont la tête saignait, ne voulut pas d'abord rentrer en lice avec un aussi rude joûteur que son maître; mais, comme le cheval de l'Athénien, le singe dut céder. Charles-Quint, dit-on, le prit sur un ton si haut, que le pauvre petit joueur obéit; et, n'étant pas devenu plus flatteur, il fit derechef (c'était sans doute dans sa règle) l'échec du berger.

Mais, aussitôt qu'il eut poussé la pièce qui faisait échec à l'Empereur, on le vit faire lestement le plongeon sous la table, pour éviter une colère dont il venait de sentir le poids.

Alors seulement Charles comprit à quel degré de petitesse la colère ravale l'homme. — Ce singe, dit-il, m'a donné une grande leçon.

Se sœur, la reine de Hongrie, ajouta : — C'est qu'il n'y a encore qu'une semaine qu'il est à la cour.

La Paresse

LA PARESSE

LA NAPPE TRANCHÉE

> Chevalier, vous portez des armes :
> Avez-vous droit de les porter ?
> (*Rhythmes tournaisiens.*)

La France passait autrefois pour le pays de la politesse, et la cour de France, si rigoureusement composée, pour un tribunal d'honneur dont les jugements avaient quelque poids dans le monde. Les plus éminents personnages de chaque pays étaient fiers de ses suffrages et honteux de ses blâmes. Ces vieux chevaliers sans peur et sans reproche, qui peut être nous valaient presque, avaient pourtant, vous en conviendrez, quelques idées de loyauté ; et, si nous n'étions pas si obstinés à étouffer nos anciennes illustrations sous les montagnes de lauriers que nous élevons à nos gloires contemporaines, soyez assurés que nous trouverions encore de belles choses dans les faits de nos pères. Notre intention n'est pas toutefois d'écrire ici un chapitre de leur apologie, ni d'élever un trophée, ni de faire ressortir une grande action négligée. Nous ne voulons que rapporter un petit fait et rappeler une cérémonie singulière. Mais ces réflexions préliminaires pourront y rencontrer quelque application.

Le 2 janvier de l'année 1395, messire Jean de Montaigu, grand-maître de l'hôtel du Roi, rentrait dans son manoir de la rue de Jouy, près de la poterne de Saint-Paul, accompagné d'un de ses amis.

Il revenait du nouveau palais que les Parisiens appelaient l'*Hôtel des grands Ébattements*, et il avait invité quelques seigneurs à souper avec lui. Il se hâta de donner ses ordres; car il était trois heures et on soupait à cinq.

Pendant ce temps, l'ami qui l'accompagnait, et qui était le comte de Saint-Paul, faisait sa révérence à la femme du ministre en faveur.

Au milieu de ces préludes, Jean de Montaigu vit entrer dans sa cour un écuyer ou un chevalier qui paraissait venir de loin. C'était le jeune seigneur de Duyvenvoorde, qui, arrivant en mise de voyage, se présenta pourtant sur-le-champ.

— Messire, dit-il en saluant Montaigu, je suis envoyé à vous par monseigneur le comte d'Ostrevant, héritier du Hainaut, de Hollande, de Zélande et de Frise. Il sait que vous avez ici hôtel de prince; et dans l'état où il est, obligé de fuir la colère de son père, n'osant pas, comme à ses autres voyages, se présenter tout d'abord en la cour de monseigneur le Roi, il vous prie de l'héberger quelques jours avec sa suite.

— Tout notre hôtel est aux ordres de monseigneur d'Ostrevant, répondit Montaigu. Le précédez-vous de quelques heures!

— D'une heure au plus. Il attendra mon retour et votre réponse, messire, pour entrer dans Paris.

— Dites lui donc que son arrivée nous comble d'honneur.

Le jeune seigneur de Duyvenvoorde salua et descendit le perron; Jean de Montaigu le conduisit jusqu'à la dernière marche. Alors seulement il lui demanda quelle était la suite du prince?

— Dix chevaliers, répondit l'envoyé.

Il piqua son cheval et disparut.

— Ceci change un peu l'organisation de mon souper, fit en rentrant Jean de Montaigu ; ils seront ici dans un instant.

Il dit quelques mots à l'oreille de sa femme ; puis il se trouva seul avec le comte de Saint-Paul.

— Je reverrai avec plaisir, dit celui-ci, le jeune comte d'Ostrevant. C'est un bon compagnon.

— Trop bon compagnon peut-être, pour le pays qu'il doit gouverner un jour. Mais notre seigneur le Roi lui veut du bien. Il l'a montré déjà en lui donnant une de ses filles en mariage ; et, quoiqu'il soit veuf de la princesse Françoise, morte si jeune, on ne l'abandonne pas encore, car il est question de lui faire épouser mademoiselle de Bourgogne.

— La fille de Philippe-le-Hardi ! Ce serait pour lui un bon soutien.

— Il en aura besoin, je pense. Son pays de

Hainaut n'est pas fort difficile, quoique des partis s'y forment aussi ; mais la Hollande, la Zélande et la Frise sont plus rudes. Il y a d'ailleurs dans le comté de Hollande les deux factions des Hoecks et des Cabillaux, qui dévoreront ce beau domaine, si on n'y prend garde.

Les Cabillaux se sont nommés ainsi du propre nom d'un poisson très nombreux que nous appelons ici morue. Ce parti représente les villes et les communes. Les autres se sont appelés Hoecks, c'est-à-dire hameçons, pour indiquer aux premiers qu'il les prendront comme le hameçon prend le cabillau ; ce parti est formé des seigneurs et des paysans. Ces deux factions, menaçantes dès leur origine, ont déjà mis entre elles un fleuve de sang. Des guerres, des combats furieux, des trahisons les ont signalées: Albert de Bavière, ce souverain peu habile, dont nous allons recevoir le fils, au lieu de calmer les divisions, les a aigries en s'y mêlant. D'abord il s'est déclaré pour les Hoecks, puis il s'est tourné vers les Cabillaux [1]. On a accusé de ce changement de

[1] L'origine de ces factions des Hoecks (prononcez houks) et des Cabillaux, qui ensanglantèrent la Hollande pendant 150 ans, est assez triste. Marguerite de Hollande, comtesse souveraine de Hollande, de Zélande,

conduite une jeune demoiselle appelée Aleyde de Poelgest, à laquelle il rendait des soins, car il était veuf.

Des courtisans irrités guettèrent un soir, il y a peu de temps, la pauvre fille, et la tuèrent à coups de hache d'armes, près du palais. Mais, comme ils massacrèrent aussi Guillaume Kaeyser, maître-d'hôtel du Comte, jeune homme qui la voulait défendre, le père de ce jeune seigneur vint demander justice ; il apportait la liste des meurtriers, ou du moins de ceux qu'il accusait. C'était le vicomte de Leyde, le seigneur de Haamstède, le seigneur de Duyvenvoorde, et des gentilshommes des maisons d'Aspren, de la Lech, de Montfort, de Polanen, de

de Hainaut et de Frise, demeura veuve en 1387 de l'empereur Louis de Bavière, et céda à son fils (Guillaume V) la Hollande, la Zélande et la Frise, moyennant une pension. Elle se réservait le Hainaut. Non seulement Guillaume V ne paya pas la pension qu'il devait à sa mère ; mais il lui enleva encore le Hainaut. Une guerre affreuse s'éleva entre la mère, qui voulait reprendre le pouvoir, et le fils, qui voulait le conserver. Les nobles et les paysans prirent le parti de Marguerite ; les communes se déclarèrent pour Guillaume ; et alors naquirent ces dénominations de Cabillaux et de Hoecks. Après des batailles et des luttes horribles, la mère infortunée se retira dans un couvent de Valenciennes, où elle mourut en 1350. Quatre ans après, Guillaume devint fou furieux ; on l'enferma dans le château du Quesnoy, où il végéta trente ans, tout près du tombeau de sa mère. Il est appelé dans l'histoire Guillaume-l'Insensé ; Albert de Bavière, qui lui succéda, était son frère. Cet affreux Guillaume V n'eut pas d'enfants.

Woude, de Warmond; il en comptait cinquante-quatre, ce qui était beaucoup pour un guet-apens contre une femme. Albert de Bavière, irrité, ajourna tous ces seigneurs qui ne comparurent point; il les mit donc au *ban de la comté de Hollande,* les condamnant comme *ayant forfait, corps et biens.* Pendant qu'on ruinait leurs châteaux et qu'on dévastait leurs seigneuries, ils se mirent sous la protection de Guillaume d'Ostrevant, qui était resté attaché au parti des Hoecks. Le jeune homme encourut ainsi la colère de son père, qui, par une nouvelle sentence, le comprit aussitôt dans le nombre des proscrits. Guillaume se retira donc avec les bannis, dont il s'était chargé, au château d'Altena, qui lui appartenait. Mais son père, ayant levé une armée, et toujours inflexible, vint l'y assiéger. N'osant pas entreprendre une nouvelle guerre parricide, le jeune comte sortit du château ; et il va sans doute nous prier de le remettre en grâce avec son père. L'occasion est bonne ; car nous savons qu'Albert de Bavière, quoiqu'il touche à la vieillesse, s'apprête en ce moment à épouser par nouvelles noces madame Marguerite de Clèves : et les fêtes d'un mariage ouvrent volontiers la porte du pardon. Mais je crois pourtant qu'au conseil de monseigneur le Roi on voudra donner quelque leçon à ce jeune prince, que l'on accuse de dissipation, de légèreté et de fainéantise. Il n'a rien fait jusqu'ici ; et pour un prince c'est honte.

Jean de Montaigu avait à peine terminé ces explications, que nous résumons succinctement, lorsqu'un grand bruit de chevaux annonça l'arrivée des proscrits hollandais. Le ministre descendit jusqu'à sa porte pour recevoir le prince et sa suite. La dame de Montaigu, qui s'était placée au haut du perron, conduisit aussitôt ses hôtes dans une salle où on leur offrit à laver ; après quoi des pages présentèrent à chaque gentilhomme de riches vêtements, dont le plus magnifique était destiné au comte d'Ostrevant [1]. Les voyageurs se débarrassèrent de leur harnais de campagne ; et, quand l'arrivée des seigneurs fran-

---

[1] Ce titre de comte d'Ostrevant, emprunté à un canton du Hainaut, était toujours donné à l'héritier présomptif de cette souveraineté. Nous ne concevons pas trop comment il se fait que dans l'*Histoire des Ducs de Bourgogne* de M. de Barante, on l'appelle toujours comte *d'Osternant*; faute qui s'est maintenue avec tant d'autres dans toutes les éditions de Paris.

çais conviés par Montaigu permit de siffler le souper, les jeunes fugitifs se présentèrent en hommes de cour élégants.

L'héritier du Hainaut et de la Hollande avait trente ans. C'était un beau jeune homme, s'annonçant bien, comme on dirait aujourd'hui, mais ayant en effet trop de frivolité et trop peu de fonds pour les destinées où l'appelait sa naissance. C'est sans doute à cette insouciante légèreté que pensait Montaigu en parlant d'une leçon. Mais, pour le premier jour, on ne devait songer qu'à l'hospitalité. On ne s'occupa qu'à bien traiter le prince et ses chevaliers, dont la peau blanche et le teint frais accusaient des enfants du Nord.

— Vous avez voyagé par un temps rude et maussade, monseigneur, dit Jean de Montaigu ; mais vous arrivez à Paris dans de bons jours.

— C'est demain en effet, ajouta le comte de Saint-Paul, que nous fêtons sainte Geneviève, la patronne de Paris; et trois jours après viennent les joyeux ébats de l'Epiphanie.

— Nous espérons, messires, dit la dame de Montaigu en s'adressant à tous, que ces réjouissances vous feront oublier les fatigues d'un si long voyage.

— Elles sont dissipées toutes dans votre bon accueil, madame, dit galamment le sire de Polanen.

Nous ne décrirons pas le souper, ni l'hypocras, ni les vins épicés, ni les devis qui occupèrent la soirée. On se couchait de bonne heure chez nos pères ; et nous avons hâte aussi.

La journée du lendemain, 3 janvier, s'annonça par le son des cloches et la joie des enfants, par le mouvement et les chants du peuple. Alors on n'oubliait pas, comme de nos jours, cette humble et sainte bergère qui avait sauvé Paris des fureurs d'Attila, et que ses bienfaits faisaient regarder, en quelque sorte, comme la fondatrice de la grande ville pour qui elle restait un ange tutélaire. La reconnaissance est la mémoire du cœur, ainsi que l'a dit un illustre sourd-muet. Nos pères se rappelaient donc que, dans l'effroyable maladie des *ardents*, la châsse auguste de Geneviève n'avait passé dans les rues désolées de Paris que pour y ramener la santé ; et ils rougiraient de nous, ces hommes des anciens jours, nos pères, s'ils revenaient dans ce Paris si pompeux, où Geneviève, pendant vingt ans, n'a plus eu de temple, elle, la sainte enfant du peuple, qu'ils voyaient toujours, du haut des cieux étendant sa houlette sur sa ville bien-aimée, et la protégeant de son sourire ! Alors, la fête était grande, la châsse éclatante resplendissait au milieu de l'église pompeuse et parée, les flots d'encens se jouaient sous les voûtes, et tout Parisien se serait cru indigne de ce nom s'il n'était allé ce jour-là honorer sa pieuse patronne [1].

Alors aussi la Hollande n'avait pas respiré le souffle de Calvin, plus froid que les glaces de ses grands fleuves. Le comte d'Ostrevant et tous ceux qui l'accompagnaient vinrent prier devant la châsse de sainte Geneviève.

Ils soupèrent encore ce soir-là chez Jean de Montaigu. Une fête les attendait le lendemain dans l'hôtel Saint-Paul. Ce même jour 4 janvier, le grand-maître de l'hôtel du Roi alla annoncer au conseil l'arrivée de ses hôtes. Le prince

[1] Un décret, qui a dignement inauguré l'arrivée au pouvoir de Louis-Napoléon, a rendu à la patronne de Paris ses autels, aux applaudissements de tous les hommes de cœur.

ne pouvait, hélas! parler au monarque. En ce moment, l'infortuné Charles VI était plongé dans ces ténébreux accès de démence qui causèrent de si longues plaies au royaume. Le conseil qui régnait, et dont Montaigu avait deviné la pensée, se montra disposé en effet à donner une leçon au jeune comte d'Ostrevant.

— Ce prince qui vient à nous, dit le duc d'Orléans, doit être rappelé à ses devoirs de chevalier.

Il a trente ans, il s'est vu honoré de l'alliance du sang français, il doit gouverner de vastes États : qu'a-t-il fait? Rien encore ne s'attache à son nom. Il a usé son ardeur dans les vaines querelles que son faible père laisse grandir. Et pourtant il a, dans les États mêmes qu'il doit posséder un jour, des lauriers à cueillir. N'a-t-il pas à réduire ces Frisons toujours indomptés, qui ne souffrent aucun joug, qui ont tué à coups de bâton, dans un marais, leur comte Guillaume II ; qui plus récemment, dans les fossés de Staveren, ont égorgé Guillaume IV, le grand-oncle du comte d'Ostrevant?

— Que faire contre ces peuples, monseigueur? dit Montaigu. On n'a jamais pu les soumettre.

— Vous vous trompez ; ils se soumettent au sceptre qu'ils révèrent. Ils ont élevé Guillaume III sur le pavois, ce même comte qui a mérité le surnom de Bon ; mais ils méprisent le pouvoir, lorsqu'ils le voient dans des mains indignes. Présentez-nous demain le jeune prince. Quant à sa suite, accusée du meurtre d'une femme, elle ne peut paraître à la cour.

Jean de Montaigu remplit avec naïveté sa commission. — Les gentilhommes hollandais ne s'en formalisèrent point : c'était encore un siècle où la vérité pouvait se dire.

Le 5 janvier, Guillaume d'Ostrevant fut présenté à la cour, où les princes, parents ou ministres du monarque, tenaient tellement sa place, qu'ils le dépouillaient pièce à pièce. Il traversa, en arrivant à l'hôtel des Grands-Ebattements, la cour des Joûtes, où se faisaient les jeux chevaleresques ; puis, laissant à sa droite les basses-cours flanquées de colombiers et remplies de volailles, et à sa gauche les jardins plantés de pommiers, semés de légumes, décorés de berceaux de vigne, il monta au palais. Il traversa la chambre dite de Charlemagne, longue de trente mètres, large de douze (pour nous conformer au style moderne), et dont les poutres étaient richement ornées de fleurs de lis en étain.

Il passa par la chambre des Nappes, où l'on conservait le linge du monarque, puis par la chambre dite le Gîte-du-Roi, qui alors était inhabitée ; ensuite par la chambre d'Etude, par la chambre des Bains ; et enfin il arriva dans une salle qu'on appelait le *Réduit*, parce qu'on s'y retirait pour causer. Toutes ces pièces, malgré leur étendue, étaient fort obscures ; les fenêtres, garnies de vitraux peints, comme les églises, étaient encore revêtues d'un treillage serré de fil de fer, placé pour empêcher les pigeons de venir s'installer dans les appartements. Aussi, en mettant le pied dans le Réduit, le comte d'Ostrevant se frottait les yeux, ne voyant personne. Personne, en effet, ne se montrait. Il n'y avait dans le fond de la pièce que le duc d'Orléans, qui y avait passé la nuit, et qui était seul comme perdu sur sa couche immense [1].

[1] On appelait couches les lits de douze pieds de long et de douze de

— Prince, dit-il en s'asseyant sur son matelas, je pensais vous recevoir avec plus d'honneur; mais je n'ai pu convoquer les seigneurs si matin : je me lève à l'instant, et, s'il vous plaît, nous dînerons ensemble. L'heure me devance aujourd'hui; pour demain nous vous invitons, au nom de monseigneur le Roi, à prendre ici, avec nos chevaliers, le souper de l'Épiphanie. Si la fête gagne un peu sur la nuit, vous aurez une place dans notre couche.

Le comte d'Ostrevant était embarrassé : l'accueil était un peu sans façon; mais comme, à défaut du Roi, il avait besoin des princes, il fit bonne contenance.

Pendant le dîner, qui fut court et durant lequel on ne parla que de choses indifférentes, il se montra gai et dégagé. Il vint le lendemain au souper de la fête des Rois, où l'on devait joyeusement tirer la fève, espérant bien qu'admis à cet honneur on lui donnerait le jour suivant une audience.

Le souper des Rois était préparé dans la cham-

large, dans lesquels on retenait à coucher ses amis, — et couchettes les lits de la taille des nôtres.

bre de Charlemagne ; une étoile ronde, formée de plusieurs petites bougies allumées, scintillait au bout de la vaste salle, en souvenir de l'étoile des mages ; des escabelles garnies de cuir étaient rangées autour de la grande table, qui attendait quarante convives ; les serviteurs, les varlets étaient affairés ; les écuyers se disposaient à trancher les plats abondants ; et les hérauts d'armes, chargés de la police du festin, se tenaient, dans leur costume armorié, debout aux quatre coins de la table. Leur chef, le roi d'armes, vieillard à cheveux blancs, devait proclamer le roi que désignerait la fève, et lui crier les cris d'honneur. La Reine et quelques dames honoraient le repas de leur présence, mais le Roi n'y devait pas paraître ; et son fauteuil, le seul siège à bras qui fût dans la chambre, devait rester vide, gardé par le roi d'armes, qui se tenait derrière.

Le chapelain de la cour ayant béni la table et l'énorme gâteau des Rois qui s'élevait au milieu, tout le monde se plaça ; le souper commença gravement par un potage, selon la vieille coutume.

Avant la distribution des plats, que les écuyers

tranchaient sur des estrades, les hérauts firent l'inspection des convives, pour reconnaître, selon leur devoir, si tous étaient dignes de l'honneur qu'on leur faisait ; car tout homme qui avait mangé à la table du Roi était reconnu gentilhomme et chevalier.

En arrivant au jeune comte d'Ostrevant, l'un des hérauts le regarda attentivement ; puis il lui demanda son nom :

— Guillaume de Hainaut et de Hollande, comte d'Ostrevant ! répondit-il, un peu surpris.

Le héraut alors, avec son épée, coupa la nappe devant lui, et en jeta le lambeau par terre en disant : — Ignorez vous, seigneur, que personne ne peut manger à la table du Roi, s'il n'a des armes ?

A cet affront de la nappe tranchée, qui était une exclusion déshonorante, Guillaume se leva, la rougeur sur le front, et, retenu par le respect qu'il devait aux hérauts, à la Reine et à l'assemblée, il se borna à dire :

— Mais je pense que j'ai des armes, aussi bien que nul autre !

Le héraut se tourna vers le roi d'armes : — Le jeune seigneur, dit-il, soutient son droit.

— Non, répliqua le roi d'armes, si vous êtes Guillaume d'Ostrevant : le comte Guillaume IV, votre grand-oncle, a été battu par les Frisons à Staveren ; non seulement vous ne l'avez pas vengé ; mais son corps est demeuré parmi ses ennemis, privé des honneurs de la sépulture. Il n'en serait pas ainsi, seigneur, si vous aviez des armes !...

Tous les convives étaient muets et les yeux baissés, pendant une leçon si grave. Le jeune prince, hors de lui et perdant son aplomb, sortit aussitôt de la salle.

Un seul homme le suivit pour le consoler ; c'était le comte de Saint-Paul, qui le reconduisit à l'hôtel de Montaigu.

— Nous partons demain, dit Guillaume en rentrant, aux gentilshommes de sa suite ; demain à la première heure. J'ai subi l'injure que je mérite ; mais je laverai cet opprobre et je ferai voir que je suis chevalier.

Ayant dit ces mots, le comte d'Ostrevant se mit à pleurer. Le comte de Saint-Paul, après lui avoir prodigué des paroles encourageantes, lui promit de partir avec lui pour châtier les Frisons.

Guillaume regagna Mons à grandes journées, emmenant en effet le comte de Saint-Paul et quelques autres seigneurs français. Il écrivit de Mons à son père, pour lui faire ses soumissions sans réserve, et lui demander la permission d'aller venger le meurtre de Guillaume IV.

Non seulement Albert lui pardonna, mais il leva sur-le-champ une grande armée, alla avec lui soumettre la Frise dans une guerre violente qui dura quatre ans. Le corps de Guillaume IV fut reconquis et enseveli avec honneur à La Haye, dans la chapelle de la cour de Hollande. La cour de France rendit alors ses bonnes grâces au comte d'Ostrevant, qui régna un peu plus tard sous le nom de Guillaume VI. Le roi, en 1409, lui donna même, à Paris, l'hôtel de Jean de Montaigu, qui s'appela dès lors l'hôtel de Bavière, et qui fut abattu et divisé à la fin du seizième siècle [1].

[1] On conserve dans les archives de Mons une pièce que quelques amateurs pourront trouver curieuse et qui intéressera les peintres et les économistes. Il s'agit de ce même hôtel de Jean de Montaigu, cédé avec une partie de son ameublement à Guillaume VI en 1409 : ce qui nous engage à donner cette pièce ignorée.

Inventaire des liens meubles appartenants à mon très redouté seigneur monseigneur de Hainaut, étant en son hôtel à Paris, en la rue de Jouy, près la poterne de Saint-Paul, fait le 20 novembre 1409.

Un pavillon, ciel et dossier, armoriés aux armes de monseigneur,

LA LÉGENDE DU FRISON AU FLÉAU

C'étaient des hommes forts, et qui trouvaient moins lourds
Leur fer et leur acier que nous notre velours.
                                    Victor Hugo.

I

Deux hommes, qui avaient conservé le teint frais des climats du Nord, sous l'ardent soleil du Portugal, bravaient depuis une heure les rayons

avec les rideaux de serge rayée de blanc et de rouge ; deux pièces de tapisserie de même, avec un coussin de velours vermeil, étant à présent en la chambre où monseigneur couche ; lesquels pavillon, ciel et dossier sont donnés par le commandement de monseigneur de Hainaut à Jacques de Floyon, écuyer d'écurie de mon dit seigneur

Un ciel et dossier de soie rayée de blanc et de deux autres couleurs ; la couverture du lit, de même, doublée de cendal vermeille, avec trois rideaux rayés de vermeil et de blanc, étant à présent en la chambre de retrait de mon dit seigneur.

Un autre ciel de tapisserie vert à rosiers et ancolies, avec un dossier de même et trois rideaux de serge verte, étant en la chambre du seigneur d'Andregnies.

Un demi-ciel et un dossier où sont représentés un homme et une femme sauvages, avec la couverture du lit et deux rideaux en serge vermeille sans personnages, tendus de présent en la chambre de messire Guy, seigneur de Monceaulx.

Un demi-ciel et dossier à la façon de Bretagne, ouvré de fleurs de lis, tendu en la chambre de Soishier, maître d'hôtel de mon dit seigneur.

Dix pièces de tapisserie à fleurs de lis, armoriées aux armes du comte brûlants de ce soleil, un peu tempérés, il est vrai, par un vent de mer; car ils étaient assis à l'embouchure du Tage, les yeux fixés sur les flots immenses, de qui ils semblaient attendre quelque évènement. C'était par une belle matinée du mois de juin de l'année 1217.

L'un de ces deux hommes était un armurier liégeois; l'autre, un pêcheur de l'île de Walcheren. Tous deux avaient fait partie d'une des légères

d'Étampes, à rosiers blancs et vermeils, tendus de présent en la haute galerie longue et en la chambre de M. de Ligne.

Six tapis de plusieurs histoires anciennes, tendus en la grande salle du commun.

Deux grands tapis velus ; un autre petit tapis velu, armorié à cornes ; un autre petit tapis velu à champ blanc pour la chapelle de mon dit seigneur.

Chapelle : deux parements d'autel à chanter messe; trois nappes, une aube, un amict bleu ; une étole, fanon et chasuble ; une autre chasuble garnie de noir ; un missel de demi-temps.

Fourrière et paneterie. Premièrement, vingt-cinq lits garnis, grands et petits, donnés avec ledit hôtel à monseigneur. Item, vingt-cinq couvertures à lit, tant courtes-pointes que serges, grandes et petites. Item, vingt-cinq paires de linceuls (draps de lit).

Deux comptes et quarante aunes de nappes, qui ont été coupés et départis en quarante-cinq nappes, desquelles en va neuf de lin pour la table de monseigneur, et les autres sont de chanvre. Deux comptes et vingt-quatre aunes de touailles (essuie-mains), départis en cinquante touailles, dont onze de lin. Quatre grosses nappes de chanvre à dressoir. Deux douzaines de serviettes aussi de chanvre ; deux douzaines et demie de serviettes de lin, lesquelles ont été emportées par mon dit seigneur

Item, plusieurs bancs, tables, chaises et tréteaux, étant en plusieurs lieux et étages dudit hôtel, donnés avec icelui hôtel à mon dit seigneur.

Item, une tête de serpent; laquelle est menée en Hainaut, de par mon dit seigneur (cette tête de serpent serait-elle par hasard l'espèce de tête de crocodile rapportée des croisades, que les curieux vont visiter à présent embarcations qui accompagnaient le comte Baudouin de Hainaut, lorsqu'il était allé à la conquête de Constantinople. Leur petit navire, séparé de la flottille par un gros temps, avait été jeté sur les côtes du Portugal. Ils s'y étaient vus accueillis avec une hospitalité généreuse; ils avaient trouvé à Lisbonne des compatriotes qui les avaient retenus; et depuis quatorze ans, établis là, chacun dans sa profession, ils s'y étaient mariés tous les deux.

— Décidément ils n'arrivent pas, dit l'armu-

à la bibliothèque publique de Mons, comme étant la tête du fameux dragon tué par Gilles de Chin dans les marais de Wasmes? Cela est assez probable; puisque cette tête de crocodile vient des archives des états de Hainaut, où elle était déposée. *Noe communiquée par feu M. Delmotte, archiviste de Mons*), avec deux têtes de cerf entrelacées ensemble.

Item, quatre lances, tant grandes que petites; une épée garnie d'or, avec le fourreau de velours vermeil; plusieurs pièces de cristal; dix-sept coussins, appelés, à l'usage de France, carreaux.

Cuisine : deux chaudières, six pots de cuivre, quinze pelles rondes, trois poêles à queue, cinq pots d'airain ferré, deux bassins à queue, dix broches de fer, deux pots à chauffer l'eau, trois pelles de fer à feu, deux pelles à sammer, trois andiers, trois grils, trois tenailles à feu, une pelle percée, cinq chandeliers, un bassin à laver les mains, quarante-six plats d'étain, six douzaines et demie d'écuelles d'étain (les fourchettes n'étant pas encore inventées, on mangeait alors la viande dans des écuelles : les fourchettes, comme on le sait, ne remontent qu'à François Ier), un mortier, deux pilons, une queue à aiguiser les couteaux, un reffrétoire d'airain pour le vin, quatre brocs, douze pots d'étain.

Cet inventaire ne contient pas autre chose. C'est l'état de l'hôtel tel qu'il était lorsque le Roi le confisqua sur la succession de Jean de Montaigu, tombé en disgrâce et même décapité. On y prendra quelque idée des choses qui garnissaient une maison riche en 1409.

rier; ces retards me coupent en quatre; je suis comme dans un étau.

Filons encore quelques brasses de patience, répondit le pêcheur; une armée ne s'enlève pas d'un coup d'épervier.

— Mais au retour de la dernière grande pêche que vous aviez faite dans les eaux de votre chère Zélande, vous nous aviez rapporté, Jean, avec vos morues, des nouvelles qui m'avaient tout à fait rendu le fil. N'étiez-vous pas sûr que nos amis arriveraient au mois de juin?

— Le mois de juin n'est pas encore passé.

— Ah! vous êtes calmes, dans votre île. Moi je suis entre l'enclume et le marteau. Les Maures vont revenir exiger leur exécrable tribut.

— Ils ne viennent que dans dix jours, Hubert. Nous en avons huit au moins à frayer en pleine eau. Ils sont exacts.

— Nous sommes fous d'être restés dans un tel pays.

— C'est ce que je me dis. Aussi, j'ai maintenant une barque solide et qui peut tenir la mer; elle a deux mâts et un pont bien fermé. Dans huit jours, si nos camarades n'ont point paru, je n'attends pas le roi de Maroc ; je m'embarque avec ma femme et mes six filles, et je regagne la Zélande. Adieu à ce chaud soleil ! Je retrouverai joyeusement le bon beurre frais de mon île et mes tartines de pain brun.

— Je partirais bien avec vous, Jean, répliqua le Liégeois, si ma jeune belle-sœur voulait nous accompagner, ou si mon imbécille de frère était venu, lui à qui je la destine. Car ce pays est en vérité trop dangereux.

— En effet, poursuivit le Zélandais de l'île de Walcheren, le Portugal n'est pas sûr. Cependant il a reçu des nôtres un bon coup d'épaule, il y a soixante-dix ans. Car en 1147 les Maures étaient encore maîtres de Lisbonne. Le comte Alphonse, qui le premier s'est fait proclamer roi de Portugal, assiégeait cette ville sans succès. Après plusieurs mois de vains efforts, il perdait tout espoir, et le Portugal allait cesser d'être chrétien, lorsqu'une flotte de croisés armés à la voix du bienheureux saint Bernard relâcha ici par bonheur. Le Saint-Siége, qui ne s'occupe que d'étendre la foi, avait recommandé aux nouveaux soldats de Jésus-Christ de combattre les infidèles partout où ils les rencontreraient. Dès qu'Alphonse Ier sut l'arrivée des étendards chrétiens à l'embouchure du Tage, il accourut : — Vous cherchez les Sarrasins, dit-il aux croisés ; n'allez pas plus loin, ils sont ici. Aidez nous à purger une terre qui a reçu la foi du Seigneur ; et de riches possessions récompenseront votre vaillance.

Ces croisés étaient des Français, des Zélandais, des Liégeois, des Flamands, des Brabançons, des Frisons et des Hollandais. Arnulphe d'Aerschot, qui les commandait, se joignit avec tous ses braves au roi Alphonse Au bout de quatre mois, Lisbonne fut enlevée, la garnison mauresque passée au fil de l'épée et tout le pays évacué par les infidèles. Une partie de nos concitoyens consentit à rester et se fixa dans les riches domaines que leur offrait la reconnaissance du roi Alphonse ; et nous avons été heureux de trouver ici leurs enfants. Il est triste qu'ils n'y soient pas demeurés tous ; ils auraient autrement protégé le Portugal.

— Tant qu'Alphonse Ier a vécu, poursuivit le Liégeois, il paraît qu'il s'est montré dignement et que le couteau n'a pas bronché dans le manche. Mais Sanche, son successeur, s'est laissé vite ébrécher. Il a eu peur des Maures. Il les a repoussés avec de l'or, au lieu de les repousser avec du fer ; et, ce qui est plus affreux, il a consenti à payer tous les ans au roi de Maroc un tribut de cent esclaves chrétiens.

L'armurier, en disant ses mots, fit le signe de la croix ; puis il continua :

— Depuis six ans qu'Alphonse II a reçu la couronne, il fait tout ce qu'il peut pour se dégager d'une rouille si honteuse. Il n'y réussira pas.

— Quand je vous dis, Hubert, que nos amis viendront. Comptez sur Guillaume de Hollande : la voix du Souverain Pontife ne parle pas vainement à nos bonnes contrées. Dans tout ce qui s'est fait de brillant jusqu'ici aux croisades, les enfants des Pays-Bas ont eu leur part. Ce ne sera pas la première fois que Guillaume portera la croix à son armure. Le bon comte Florent III, son père, est mort en Palestine, et il a sa tombe à Saint-Pierre d'Antioche. Guillaume l'avait accompagné...

Le Liégeois, en ce moment, arrêta son ami en lui saisissant le bras ; et tendant sa main droite sur la mer, il s'écria : — Une voile en vue !

— Une voile ! répliqua le pêcheur après avoir regardé une minute à travers un long tube de bois qui lui servait de canne et qui pouvait représenter une lunette sans verres, car les lunettes d'approche n'étaient pas inventées ; — Une voile ! Si je ne me trompe, il y en a deux, et qui filent lestement.

Les deux navires se rapprochaient avec une telle vitesse, que, peu après, le pêcheur fit un mouvement : — Une voile chrétienne ! s'écria-t-il, — poursuivie par un corsaire de Maroc !

L'excellence de sa vue ne l'avait pas trompé. C'était en effet un petit bâtiment frison. Le navire maure qui lui donnait la chasse paraissait beaucoup plus fort. Les Frisons se défendaient de leur mieux, en lançant avec rapidité des corbeilles de cailloux, au moyen de catapultes ; ce qui n'empêcha pas les Sarrasins d'accrocher la petite embarcation avec un harpon de fer et de se lancer à l'abordage.

Les deux spectateurs de la côte, ne pouvant secourir leurs frères, s'étaient mis à genoux et priaient. Le combat se livrait sous leurs yeux, à la distance d'une demi-lieue à peine. Ils en suivaient tous les mouvements; et les battements de leurs cœurs marquaient les phases de cette lutte acharnée. Ils avaient vu quatre hommes de l'équipage frison se jeter à la mer, et ils se troublaient de ne les voir point reparaître. Ils apercevaient une masse de Sarrasins s'élançant sur le bâtiment néerlandais, et repoussés par une espèce de géant, qui s'agitait d'un bout à l'autre du pont, ayant pour arme un énorme fléau.

Bientôt le pêcheur Jean distingua nettement que les Frisons jetaient des cordages; et il vit les quatre camarades dont l'absence l'inquiétait remonter sur le pont. Alors un vigoureux coup de hache coupa la chaîne du harpon qui retenait le bâtiment chrétien; les Frisons s'écartèrent au large. Le corsaire parut singulièrement appesanti dans sa marche et désormais hors d'état de poursuivre sa chasse; en peu d'instants il sembla qu'il s'abaissait, et tout à coup on le vit s'engloutir avec un fracas formidable.

— Ils sont sauvés ! s'écria le Liégois en bondissant.

— Je comprends maintenant mes quatre gaillards, dit le Zélandais. C'est de bonne guerre.

C'étaient des plongeurs, comme on en exerçait alors dans la marine des Pays-Bas, qui se jetaient à la mer au commencement d'une rencontre, s'approchaient en plongeant sous le navire ennemi, et le perçaient de trous avec de longues tarières : manœuvre qui ordinairement le coulait à fond.

Le navire frison s'approchait cependant, au signal des deux amis. Dès qu'il fut à la portée de la voix, le Zélandais, embouchant son tube, qui lui servait ainsi à plusieurs usages, se mit à crier dans sa langue nationale : — *Vive la croix!* — Un canot se détacha aussitôt, au milieu des cris de joie ; et les deux concitoyens, emmenés sur le pont, servirent de pilotes au bâtiment, qui jeta l'ancre dans le port de Lisbonne.

II

Deux heures plus tard, la femme du pêcheur, qui allait sans cesse à la porte de sa petite maison au bord du Tage, inquiète de ne pas voir revenir son mari, l'aperçut enfin entouré de têtes blondes que dominait un homme colossal, armé d'une lourde perche au bout de laquelle flottait un solide fléau. C'était cet homme que les deux amis avaient vu balayer si activement le pont des Sarrasins.

Au coin d'une petite rue voisine, la troupe se divisa. Le plus grand nombre disparut avec l'armurier, qui, joyeux d'apprendre que son frère arrivait, emmenait les débarqués chez lui et chez ses amis. Quatre seulement, parmi lesquels était le géant, venaient prendre gîte au logis du pêcheur.

Celui que nous désignons sous l'épithète de géant la méritait par sa taille et par sa force peu communes. C'était un Frison que la nature avait taillé à plaisir. Il avait au moins six pieds, et l'on assurait qu'il faisait face à huit hommes. Avec cela il était beau et bien proportionné. Sa figure, ouverte et franche, étalait, sous une blonde chevelure, des yeux vifs, des dents superbes, un teint frais comme les roses. Il avait vingt-quatre ans et se nommait Gaukéma. Ses camarades se plaisaient à le distinguer plus spécialement sous le nom du *Frison au fléau*, à cause de son arme particulière, et parce qu'en recevant sur l'épaule de son pourpoint la croix des pèlerins armés, il avait fait vœu de ne la découdre qu'après que son fléau redoutable aurait assommé douze Sarrasins.

Le Frison, en entrant dans la maison du pêcheur, dressa son fléau contre la muraille; et, aussitôt qu'il entendit les six filles de son hôte lui parler la langue de son pays, il fit trois ou quatre sauts par la chambre, au risque d'en enlever le fragile plafond. Puis il s'assit sur un banc, et, avisant sur la table un énorme pain frais, il en rompit une vaste portion et se mit à la croquer avec des dents qui décelaient un estomac vigoureux.

— Je vous disais donc, reprit-il en s'adressant au Zélandais et en se rattachant à une conversation interrompue, je vous disais que nous arrivons. Ainsi, plus de crainte; et ces jeunes enfants que vous avez là, quoique leur teint soit un peu grillé, ne seront par livrés au roi de Maroc.

— Je suis rassuré en effet, dit le pêcheur; les parages où nous sommes mouillés me paraissent meilleurs, puisque vous voilà. Hubert l'armurier ne sera plus inquiet pour sa belle-sœur. Mais vous avez bien tardé!

— On ne fait pas tout ce qu'on veut, mon digne compère. Pourquoi n'avez-vous pas encore pêché de baleine?

— Parce que je n'ai pas ce qu'il faut.

— Le comte Guillaume a eu jusqu'à présent la même excuse; et de celui-là on peut dire qu'il n'a guère su encore discerner quel goût peut avoir le repos. Quand le roi de Portugal a imploré son appui, en même temps que le grand pape Innocent III prêchait vivement la croisade, non seulement contre les infidèles de la Palestine, mais contre les Sarrasins de la Sicile, du Portugal et de l'Espagne, tout le monde chez nous a acheté des armes et les enfants mêmes ont voulu se croiser. Mais, avant de quitter ses États de Hollande, de Zélande et de Frise. Guillaume devait leur assurer la paix en son absence; et enfin nous voilà nombreux : le seigneur évêque d'Utrecht est lui-même avec nous.

— Vous ne nous dites pourtant pas où est l'armée néerlandaise.

— Vous voulez, Jean, que la Trinité vienne avant Pâques. Il paraît que les Sarrasins prennent la peine de garder vos côtes; car ils sont aux prises avec notre flotte, dont ils nous ont détachés.

— Sans vous interrompre, mynheer, dit en ce moment la femme du pêcheur, le dîner ne peut pas vous être désagréable.

Les croisés, déjà avertis par l'excellente odeur d'une fricassée de mouton aux châtaignes, s'approchèrent joyeusement de la table où brillaient deux pots de vin de Faro à la couleur d'or; et, après qu'on eut dit en commun le *Benedicite*, il se fit ce silence solennel qu'on accorde à la première faim. Les conversations reprirent ensuite. Ce ne fut que quand le Frison ne vit plus rien sur la table, qu'il se leva en disant : — Allons au port chercher des nouvelles.

Les convives du pêcheur n'eurent pas à courir loin. Les cris de joie et le son des cloches de toutes les églises de Lisbonne annonçaient l'heureuse arrivée des croisés. Tous les navires néerlandais étaient dans le port; le comte Guillaume, qui en effet avait décidé l'évêque d'Utrecht Otton van der Lippe à l'accompagner dans la guerre sainte, faisait, avec le généreux prélat, une entrée qui était un triomphe.

Le roi Alphonse II, accouru sur le rivage, voulut le premier donner la main à Guillaume et aux autres chefs, en qui il voyait ses libérateurs. Il fit monter au comte et à l'évêque deux chevaux superbes, les combla d'honneurs dans la marche, et les conduisit en pompe à son palais, où bientôt on leur servit un festin improvisé. On apprit avec allégresse, dans toute la ville, que les croisés avaient déjà battu les Maures; et chaque maison fut heureuse d'avoir à fêter quelques-uns des amis qui venaient au secours du Portugal. Ce fut dans tout Lisbonne un élan de réjouissances qui se continua les jours suivants.

L'armurier liégeois, qui gagnait par son habileté beaucoup d'argent, dans un pays où tous les bourgeois devaient faire à l'occasion le métier de soldat, avait reçu chez lui douze croisés, à qui il faisait faire bonne chère. Il était surtout très ravi d'avoir trouvé son frère dans les défenseurs de la croix. Son frère Lambert était comme lui faiseur d'armes; il voulait se le rattacher doublement, en l'associant à son industrie, qu'il avait de la peine à conduire seul, et en lui faisant épouser la sœur de sa femme. C'était une jeune Lisbonnaise d'honnête famille bourgeoise, dont on admirait la beauté, mais qui jusqu'alors ne s'était montrée sensible à aucune recherche, malgré ses dix-huit ans. Sa sœur aînée était heureuse avec Hubert ; elle lui avait très souvent parlé du frère de Liége attendu ; la belle Rosalie s'apprêtait à le juger.

Il y a toujours de l'inconvénient à flatter d'avance le portrait d'un futur époux. L'air endormi du Liégeois nouveau-venu ne plut pas à la jeune fille. De toutes ces blondes figures du Nord, qu'on lui avait tant vantées, il n'y en eut qu'une seule qui lui parut supportable : c'était la figure franche et animée du Frison au fléau, quoique l'habitude qu'il avait de porter toujours avec lui son arme effrayante, même en visitant ses amis dans la ville, l'eût fait rire de bon cœur. La seconde fois qu'elle le vit chez son beau-frère, la jeune Lisbonnaise ne put s'empêcher de lui adresser la parole; elle lui demanda comment il pouvait manier une arme si pesante.

— Oh! c'est très-facile, senora, dit-il : mais si les Marocains avaient des têtes comme la vôtre, je crois bien que mon fléau n'en casserait guère.

Le Frison, sans y songer, était galant; et il ne remarquait pas que sa galanterie ne déplaisait point. Toutefois, il se sentit un peu frappé des regards de l'étrangère.

III

Le sixième jour que l'armée du comte Guillaume passa à Lisbonne vit la fin des fêtes. Des nouvelles alarmantes se répandirent tout à coup. On annonça que les Maures débarquaient en nombre immense. Ils avaient à la hâte réuni toutes leurs troupes; ils venaient réclamer leur tribut et au besoin livrer bataille aux croisés avant qu'ils fussent plus forts.

L'armée des Sarrasins, qui, dès la nuit même, s'avança sous les murs de Lisbonne, était forte, dit-on, de cinquante mille guerriers ; les croisés, commandés par Guillaume, n'étaient pas au-dessus du nombre de huit mille. Néanmoins, le comte de Hollande avait conseillé de laisser débarquer tous les ennemis ; en même temps il avait ordonné au commandant de sa flotte de se tenir prêt à prendre le large pour couper la retraite aux Maures.

Le lendemain matin, après que tous les soldats de la croix eurent entendu la sainte messe et confessé leurs péchés, ils sortirent de la ville pour marcher à la rencontre de l'ennemi. A mesure qu'ils passaient, les bons religieux et les prêtres vénérés les bénissaient au nom du Seigneur ; et ils allaient avec courage, décidés à mourir ou à faire triompher la cause sainte.

L'armée des infidèles se déploya fièrement ; et la bataille s'engagea si vite, que bientôt les chrétiens, Néerlandais et Portugais, se trouvèrent enveloppés de toutes parts. Les chevaliers ne s'en troublèrent pas. On vit briller là mille traits de vaillance, auxquels il n'a manqué qu'un historien. Le cliquetis des armes étouffait les voix; le sang ruisselait partout. Dans le nombre de ceux des enfants de la Frise qui se servaient du fléau on remarquait surtout Gaukéma, qui, sérieusement occupé de son vœu, faisait place nette autour de lui et ne recevait aucune blessure.

Le comte Guillaume avait résolu, dans son plan de bataille, de faire une trouée à travers les rangs ennemis, du côté du port, pour s'appuyer sur sa flotte et pour entraver en même temps la retraite des Maures. En se jetant au milieu d'une masse compacte d'infidèles, il fut si chaudement attaqué, que son cheval, percé de coups, s'abattit. Il allait être tué, et déjà l'évêque d'Utrecht, qui était auprès de lui, venait d'être pris; l'armée perdait ses deux chef, si le géant frison, qui surveillait la tête de son prince, n'eût bondi à son aide et balayé les Maures autour de lui. Il le relevait sur des cadavres expirants, en même temps que le roi Alphonse II arrachait le prélat des mains infidèles.

Remonté sur un autre cheval, Guillaume poursuivit son projet, perça les colonnes de l'ennemi et se déploya devant le port. Il y avait plus de quatre heures que la mêlée durait, lorsqu'enfin la victoire se déclara pour les chrétiens. Les Sarrasins en déroute regagnèrent leurs navires, laissant derrière eux quatorze mille morts et six mille prisonniers, parmi lesquels étaient deux de leurs rois. Un grand nombre de fuyards se noya; plusieurs périrent, poursuivis par les navires des Pays-Bas; et, à la fin de la journée, la ville, le pays et les côtes furent libres.

La rentrée de Guillaume dans Lisbonne fut un second triomphe, plus grand encore que le premier. Tout le peuple à genoux chantait des cantiques d'actions de grâces et bénissait les soldats de la croix. Tout le clergé de Lisbonne vint au-devant des vainqueurs, avec ses ornements de fêtes, des palmes dans les mains et des chants d'allégresse. Après que les guerriers eurent remercié le Très-Haut devant ses autels, les chefs se rendirent au palais. Les deux rois maures furent mis à rançon; on leur fit jurer de payer à leur tour le tribut d'argent qu'ils avaient ci-devant exigé. On décida que les six mille prisonniers seraient retenus en esclavage, jusqu'à ce que le roi de Maroc eût renvoyé douze cents chrétiens qui gémissaient encore dans ses Etats, avec la stipulation qu'on rendrait deux Sarrasins pour un chrétien.

Pendant les nouvelles fêtes qui célébrèrent l'indépendance maintenant assurée du Portugal, le Frison au fléau revit la belle-sœur de l'armurier. On savait les prouesses du géant, et Rosalie lui demanda s'il était libre de son vœu ?...

Il y avait un intérêt singulier dans cette question et dans le ton qui l'accentuait.

— Senora, répondit-il, tous les autres disent que j'ai fait quelque besogne ; mais moi je n'ai pu compter sûrement que onze têtes de Maures réellement cassées.

— Vous oubliez sans doute ceux du vaisseau, le jour de votre arrivée.

— Ah ! vous savez cette rencontre, senora ! Mais, ceux-là j'ignore ce que j'en ai pu faire, et ils ne doivent pas entrer en nombre. Il me faut encore une bataille.

— Ainsi vous allez partir ?

Il y avait encore dans ce peu de mots un entiment qui remua le cœur de Gaukéma, quoiqu'il ne pût s'en rendre compte.

— Senora, répondit-il en soupirant, je ne saurais tuer un Sarrasin désarmé, et il n'y a en pas d'autres ici. Et puis j'ai eu le bonheur de secourir mon prince dans cette mêlée ; j'aurai sans doute encore l'occasion de lui être utile. Je ne dois pas l'abandonner, tant qu'il ne repliera pas sa bannière.

Le Frison reprit son fléau, s'en alla tout décontenancé ; et le lendemain il n'osa pas revenir chez le Liégeois.

Le jour d'après, le comte de Hollande, de Zélande et de Frise, s'arrachant tout à coup aux fêtes, profita d'un vent favorable et fit sonner le départ ; la flotte neerlandaise, comblée de bénédictions, se dirigea vers la Palestine.

Gaukéma se retourna plusieurs fois du côté de Lisbonne. Quand il eut perdu de vue les côtes du Portugal, son premier soin fut de s'informer si le frère du Liégeois, l'homme qu'on destinait à la belle Lisbonnaise, s'était rembarqué avec les chrétiens. Il apprit qu'il était resté à Lisbonne : le cœur du pauvre géant en fut tout serré.

IV

Après une heureuse navigation, la flotte neerlandaise arriva en vue de l'Egypte. Guillaume s'étant réuni aux autres princes croisés, on résolut d'aller assiéger Damiette, dont la position était importante. Il ne faut pas confondre cette place avec la ville de ce nom qui existe aujourd'hui. L'ancienne Damiette était d'une lieue plus rapprochée de la mer. Située à la seconde embouchure du Nil, cette ville avait, du côté du fleuve, un double rempart, et du côté de la terre trois ceintures de bastions. Une tour énorme, assise au milieu du Nil, la protégeait encore. Cette tour était bien munie de provisions; et sa garnison considérable tenait en échec les navires ennemis qui voulaient s'approcher. De plus, une solide chaîne de fer, tendue de la tour à la ville, fermait aux vaisseaux le passage du fleuve.

Les chrétiens, ayant assis leur camp dans les riantes campagnes qui environnaient Damiette, bloquèrent cette ville du côté de la terre et commencèrent le siége du côté du fleuve. Ce siége devait durer longtemps. Les croisés élevèrent sur leurs vaisseaux des galeries avec des ponts-levis et des échelles, et s'approchèrent des doubles remparts. Leurs apprêts avaient été longs, leur assaut fut terrible. Mais de grands traits de valeur éclatèrent aussi du côté des assiégés. Les infidèles se défendirent si chaudement, que les premiers chrétiens qui tentèrent l'escalade furent précipités et périrent engloutis dans le Nil. Les chevaliers, repoussés ainsi, tinrent conseil; la belle saison avait été consumée en dispositions dont on reconnaissait l'insuffisance. Il fut décidé que pendant l'hiver on se contenterait de bloquer le fleuve, et que de temps en temps chaque nation à son tour, avec ses chefs et ses machines, se hasarderait à tenter l'assaut. Mais on sentait qu'il fallait rompre la grande chaîne tendue entre la ville et la tour. Ce fut alors, disent les chroniques, que le bon comte Guillaume Ier s'avisa, avec ses guerriers de la ville de Harlem, lesquels armèrent le devant ou la pointe de leur navire d'une longue et forte scie d'acier, exprès faite pour leur projet; et, au premier vent qui leur parut favorable, ils se lancèrent de très grande véhémence contre la chaine qui devait se rompre ou mettre leur navire en débris. Le succès couronna leur audace; la chaîne fut brisée, les vaisseaux chrétiens devinrent maîtres du fleuve ; et, en honneur de ce beau coup de main, l'empereur, suzerain de la Neerlande, permit aux bonnes gens de Harlem de porter désormais dans leurs armoiries, entre les étoiles qui en faisaient le seul ornement, l'épée impériale. Au-dessus de l'épée, le patriarche de Jérusalem ajouta la croix, pour laquelle ils avaient marché si vaillamment.

Le printemps de l'année 1218 arriva toutefois sans qu'on eût obtenu d'autre résultat. Alors ceux des guerriers des Pays-Bas qui avaient leurs tentes au-dessus du fleuve imaginèrent de construire, sur deux vaisseaux liés ensemble, un grand château de bois, égal en élévation à la haute et vaste tour posée au milieu du Nil. Au sommet de la lourde forteresse flottante on fixa un pont-levis qui devait s'abattre sur la tour des infidèles, et qui portait une galerie couverte. Le 24 août (1218), la monstrueuse machine descendit le fleuve. Des soldats déterminés, choisis parmi les croisés des Pays-Bas et de l'armée du duc d'Autriche, occupaient tous les étages du fort mobile et s'apprétaient à combattre. Les matelots qui les dirigeaient s'arrêtèrent intrépidement devant la tour des infidèles, et lancèrent leurs ancres avec des catapultes dans les machicoulis inférieurs des murailles.

Un combat formidable s'ouvrit à l'instant : les chrétiens l'entamaient par des nuées de javelots et de cailloux ; les musulmans, en masse pressée sur leur rempart, inondaient la tour mouvante de traits enflammés et de feux grégeois. Tout Damiette d'une part, de l'autre toute l'armée de la croix, assemblée sur la rive, faisaient des vœux ardents. Mais en un instant la machine est en feu ; le pont-levis, qu'on venait d'abaisser, tremble et s'enflamme ; les premiers croisés qui s'étaient élancés reculent après avoir perdu une bannière, celle du duc d'Autriche ; les infidèles triomphent.

En ce moment terrible, tous les bataillons croisés qui assistaient du rivage à cette grande lutte tombèrent spontanément à genoux, et chaque guerrier, depuis les rois et les princes jusqu'aux derniers soldats, se mit à prier en se frappant la poitrine. Le patriarche de Jérusalem, l'évêque d'Utrecht, tous les religieux et tous les prêtres de l'armée levaient vers le ciel leurs mains suppliantes ; et subitement, disent toutes les relations, le feu grégeois s'éteint comme par un miracle ; la machine reparaît intacte, comme si le feu ne l'eût pas atteinte. Le pont-levis, dont on a sacrifié la galerie, retombe de nouveau sur la tour des Sarrasins ; et les croisés, reprenant courage, s'élancent à découvert, brandissant leurs haches d'armes, leurs piques et leurs massues.

A la tête des premiers qui mirent le pied sur les créneaux de la tour, refoulant à travers mille périls un ennemi déterminé, tous les historiens citent un jeune Frison de haute taille qui, armé d'un fléau, repoussait les infidèles ou les brisait dans leurs armures. C'était Gaukéma. En prenant possession de la tour, il s'était emparé de l'étendard jaune du sultan : — « Voilà, cria-t-il, une banniè-
» re ; elle paiera celle que nous avons perdue ; » — et, tout en disant ces mots, il faisait place avec son fléau de fer à ses compagnons qui arrivaient en hâte. Mais bientôt acculé dans un coin par un groupe d'ennemis qui voulaient le cerner, il reconnut qu'il était seul et que les chrétiens se trouvaient

refoulés de nouveau. Un Liégeois intrépide, dont l'histoire n'a pas conservé le nom, luttait encore, un pied sur le pont-levis, l'autre sur la plate-forme de la tour; il faisait face à un Sarrasin puissant, qui portait vaillamment de grands coups.

Il ne remarquait pas qu'une partie des Maures, retirés à l'étage inférieur, saisissaient derrière lui les soldats de la croix avec des lances à crocs et les précipitaient dans le fleuve. Il ne voyait pas non plus que, tandis qu'il combattait, un Maure accroupi brisait avec sa hache la faible poutre sur laquelle il était debout. Il sentit pourtant l'étroit plancher craquer sous ses pieds; et, ne voulant pas périr sans que sa mort fût utile, il saisit par la jambe son haut adversaire, l'entraîna dans sa chute et disparut avec lui au fond du Nil.

En ce même moment le Frison, débarrassé et bondissant sur les corps des Sarrasins qui jonchaient le sol, revint à la tête du pont-levis ; les Maures avaient disparu. Le pont fut réparé; les chrétiens, s'y précipitant, demeurèrent alors maîtres de la tour. Ils trouvèrent les étages inférieurs évacués : les infidèles se sauvant à la nage furent noyés ou pris.

Cette conquête avançait le siége ; le sultan du Caire se troubla enfin, et il offrit la paix, que l'on refusa, contre l'avis du comte Guillaume et contre les instances de Jean de Brienne, roi de Jérusalem, qui était au camp avec les autres princes croisés : car alors sa capitale était retombée au pouvoir des infidèles. En acceptant la paix, on eût délivré les prisonniers chrétiens ; et de plus le sultan offrait de remettre les croisés en possession de la ville sainte. Mais était-il sincère? La plupart des chevaliers ne voulaient rien devoir qu'à leurs armes ; et quelques-uns déclarèrent même que, loin de reconnaitre le sultan du Caire pour leur allié, ils prétendaient joindre l'Egypte au royaume de Jérusalem.

Le siége de Damiette fut donc poursuivi ; et, quoique cette malheureuse ville, serrée de si près, fût ravagée par une famine effroyable, elle tint plus longtemps qu'on n'avait prévu. Ce ne fut que le 5 novembre, selon les uns, le 9, selon les autres, en l'année 1219, qu'on lui donna, au commencement de la nuit, le dernier assaut. Les échelles furent plantées au milieu du fracas d'un violent orage, et les croisés montèrent, surpris de ne rencontrer nulle part aucune résistance. C'est que la ville n'était plus peuplée que de cadavres abandonnés dans toutes les rues. De soixante-dix mille habitants, que Damiette comptait au commencement du siége, il n'en restait debout que trois mille, dont la faim avait fait des spectres. Les chevaliers eurent pitié de ces infortunés, qu'ils respectèrent. Ils trouvèrent dans la ville de grandes richesses; et ce fut tout le fruit de cette croisade, qui n'alla plus loin que pour essuyer des revers.

Le comte Guillaume reprit alors le chemin de l'Europe; il était rappelé dans ses États. Gaukéma s'en revenait avec lui, comblé de distinctions méritées; Guillaume n'oubliait pas que plus d'une fois il lui avait dû la vie, et il avait promis de lui accorder toutes les faveurs qui seraient en son pouvoir. — Je ne vous en demanderai qu'une seule, dit le Frison, lorsqu'on approcha des côtes du Portugal : c'est de me débarquer pour un jour à Lisbonne.

Le cœur du brave, au milieu de toutes ses commotions terribles, n'avait pas oublié Rosalie.

Il était fier d'avoir si largement rempli son vœu ; il voulait la revoir et le lui dire. Il songeait avec amertume qu'elle devait être mariée, tout en se laissant bercer par la pensée que peut-être elle n'aurait pas aimé le frère de l'armurier. Mais deux ans d'absence le troublaient.

Le comte de Hollande accorda sans hésiter la demande de son vaillant Frison. Il n'était pas fâché lui-même de revoir la ville qu'il avait sauvée et qui se guérissait de ses plaies. Il y fut reçu par le roi Alphonse II et par son peuple avec une reconnaissance aussi vive que le lendemain de la défaite des Maures, et sa flotte fut abondamment fournie de vivres frais.

Le Frison avait couru chez l'armurier ; la première personne qu'il rencontra à la porte fut Rosalie, qui rougit à sa vue. La joie du géant se trahit en apprenant qu'elle était libre encore ; le Liégeois, entaché de lâcheté et de paresse, avait formellement déplu. Le voyant demeurer à Lisbonne au lieu de suivre son vœu pour la guerre sainte, la fière Portugaise l'avait méprisé ; tous les efforts de son beau-frère et de sa sœur avaient été vains contre sa résolution.

Lorsque Gaukéma eut conté les batailles livrées et la mort du brave enfant de Liége qui, au combat de la Tour, avait entraîné le Sarrasin dans sa chute : — C'était un de ses concitoyens, dit-elle en songeant à celui qu'on lui offrait pour époux ; j'aurais consenti à devenir sa femme, s'il fût revenu ici ayant combattu à côté de ces braves.

— Mais moi, dit le Frison, j'ai maintenant accompli mon vœu.... Puis, rougissant jusqu'aux oreilles, il allait, d'une voix émue et d'un cœur tremblant, bégayer je ne sais quelles paroles, quand les deux frères liégeois vinrent l'interrompre en l'invitant à entrer....

Après quatre jours de repos devant Lisbonne, la flotte neerlandaise était en mer. Le pêcheur de l'île de Walcheren s'y était joint avec sa femme et ses six filles. Lorsqu'on débarqua sur la terre nationale, les parents de Gaukéma, venus pour l'embrasser, virent auprès de lui une belle étrangère ; c'était Rosalie, qui n'avait pas hésité à quitter son pays pour suivre son vaillant époux.

FIN

TABLE DES MATIÈRES

L'Orgueil. — Les Duels d'Ypres. 1
    La République de Ter-Piete. 11
L'Avarice. — La Légende du Cheval de l'Huissier. 37
L'Envie. — Le Pamphlet. 57
    Les deux Cousins. 82
    L'Homme de Mer. 91
La Luxure. — La Légende de Tanchelm 111
La Gourmandise. — Les Fatalités d'Adrien Brouwer. 133
La Colère. — Le Jeu de Paume de Condé. 165
    Le Singe de Charles-Quint. 178
La Paresse. — La Nappe tranchée. 187
    Légende du Frison au fléau 206

FIN DE LA TABLE